रिश्तों का झूठ 2.0

वो झूठ जो लोग आसानी से बोल देते हैं, लेकिन किसी चाहने वाले की दुनिया तोड़ देते हैं

AF706289

गणेश सिंह कुँवर

Copyright © Ganesh Singh Kunwar
All Rights Reserved.

This book has been self-published with all reasonable efforts taken to make the material error-free by the author. No part of this book shall be used, reproduced in any manner whatsoever without written permission from the author, except in the case of brief quotations embodied in critical articles and reviews.

The Author of this book is solely responsible and liable for its content including but not limited to the views, representations, descriptions, statements, information, opinions and references ["Content"]. The Content of this book shall not constitute or be construed or deemed to reflect the opinion or expression of the Publisher or Editor. Neither the Publisher nor Editor endorse or approve the Content of this book or guarantee the reliability, accuracy or completeness of the Content published herein and do not make any representations or warranties of any kind, express or implied, including but not limited to the implied warranties of merchantability, fitness for a particular purpose. The Publisher and Editor shall not be liable whatsoever for any errors, omissions, whether such errors or omissions result from negligence, accident, or any other cause or claims for loss or damages of any kind, including without limitation, indirect or consequential loss or damage arising out of use, inability to use, or about the reliability, accuracy or sufficiency of the information contained in this book.

Made with ♥ on the Notion Press Platform
www.notionpress.com

क्रम-सूची

क्रम-सूची

प्रस्तावना

रिश्ते इंसान की जिंदगी का सबसे खूबसूरत एहसास होते हैं। इन्हीं रिश्तों में हमें प्यार मिलता है, अपनापन मिलता है, भरोसा मिलता है और कभी-कभी जीने की वजह भी मिलती है। लेकिन जब यही रिश्ते बदलने लगते हैं, जब वादे टूटने लगते हैं और जब शब्दों के पीछे छुपी सच्चाई बदल जाती है, तब सबसे ज्यादा दर्द भी यही रिश्ते देते हैं।

अक्सर लोग सोचते हैं कि रिश्ते किसी बड़े धोखे या बेवफाई की वजह से टूटते हैं। लेकिन सच्चाई यह है कि कई बार रिश्ते उन छोटे-छोटे झूठों से टूटते हैं जिन्हें लोग बहुत आसानी से बोल देते हैं। **"मैंहमेशातुम्हारेसाथहूँ"**, **"कुछनहींहुआ"**, **"मुझेकिसीकीजरूरतनहींहै"**, **"मैंतुम्हारी Respect करताहूँ"** जैसे शब्द सुनने में बहुत साधारण लगते हैं, लेकिन जब ये शब्द सच नहीं रहते, तब किसी का भरोसा, किसी की उम्मीद और किसी का दिल टूट जाता है।

"रिश्तोंकाझूठ 2.0" सिर्फ एक किताब नहीं है, बल्कि उन भावनाओं, दर्द, अधूरे वादों और खामोश जख्मों का संग्रह है जिन्हें लाखों लोग हर दिन महसूस करते हैं। इस किताब का हर अध्याय रिश्तों के एक ऐसे सच को सामने लाता है जिसके बारे में लोग बात तो कम करते हैं, लेकिन महसूस बहुत करते हैं।

इस किताब का उद्देश्य किसी को गलत साबित करना नहीं है। बल्कि यह समझाना है कि रिश्तों में बोले गए शब्दों की कितनी कीमत होती है। क्योंकि कई बार एक झूठा वादा किसी इंसान को जिंदगीभर का दर्द दे सकता है, और कई बार एक सच्चा शब्द किसी टूटे हुए दिल को संभाल सकता है।

"रिश्ते हमेशा बेवफाई से नहीं टूटते, कई बार वे उन झूठों से टूटते हैं जिन पर हम सबसे ज्यादा भरोसा करते हैं।"

उम्मीद है कि इस किताब के कुछ पन्नों में आपको अपनी कहानी दिखाई देगी, कुछ लाइनों में अपनी भावनाएँ और कुछ शब्दों में अपने जीवन का कोई अनकहा सच।

– गणेशकुंवर

Instagram ID: Author_Ganeshkunwar

1

मैं कभी तुम्हें छोड़कर नहीं जाऊँगा

रिश्तों में कुछ शब्द ऐसे होते हैं जिन्हें सुनकर दिल को सुकून मिलता है। ऐसा लगता है जैसे जिंदगी की सारी परेशानियाँ खत्म हो गई हों और अब सब कुछ अच्छा ही अच्छा होगा। "मैं कभी तुम्हें छोड़कर नहीं जाऊँगा" भी उन्हीं शब्दों में से एक है। जब कोई अपना यह बात कहता है, तो सुनने वाला सिर्फ एक वाक्य नहीं सुनता, बल्कि वह अपने आने वाले कल की तस्वीर देखने लगता है। उसे लगता है कि अब चाहे कितनी भी मुश्किलें आ जाएँ, चाहे कितने भी तूफान आ जाएँ, यह इंसान हमेशा उसके साथ खड़ा रहेगा। वह अपने डर भूल जाता है, अपनी असुरक्षाएँ भूल जाता है और पूरे दिल से उस व्यक्ति पर भरोसा कर लेता है।

प्यार की शुरुआत अक्सर भरोसे से होती है। धीरे-धीरे दो लोग एक-दूसरे की आदत बन जाते हैं। सुबह उठते ही पहला ख्याल उसी का आता है और रात को सोने से पहले आखिरी याद भी उसी की होती है। उनकी बातें सिर्फ बातें नहीं रहतीं, बल्कि जिंदगी का हिस्सा बन जाती हैं। फिर एक दिन जब वह इंसान मुस्कुराकर कहता है, "**मैं कभी तुम्हें छोड़कर नहीं जाऊँगा**", तो यह वाक्य दिल में घर बना लेता है। सुनने वाला सोचता है कि शायद अब उसे कभी अकेलेपन का सामना नहीं करना पड़ेगा।

लेकिन जिंदगी हमेशा हमारे सोचे हुए रास्तों पर नहीं चलती। समय के साथ बहुत कुछ बदल जाता है। परिस्थितियाँ बदल जाती हैं, लोग बदल जाते हैं, उनकी प्राथमिकताएँ बदल जाती हैं और कभी-कभी उनके दिल भी बदल जाते हैं। जो

इंसान कभी आपके बिना एक दिन नहीं रह पाता था, वही धीरे-धीरे आपसे दूर होने लगता है। पहले बात करने का समय कम होता है, फिर बात करने का मन कम होता है और फिर एक दिन ऐसा आता है जब आपके होने या न होने से उसे कोई फर्क नहीं पड़ता।

"सबसे ज्यादा दर्द किसी के जाने से नहीं होता, दर्द तब होता है जब वह इंसान बदल जाता है जिसने कभी साथ निभाने का वादा किया था।"

शुरुआत में इंसान इस बदलाव को समझ नहीं पाता। वह खुद को समझाता है कि शायद सामने वाला किसी परेशानी में होगा। शायद वह व्यस्त होगा। शायद कुछ समय बाद सब पहले जैसा हो जाएगा। लेकिन हर दिन के साथ उम्मीद थोड़ी और टूटती जाती है। जो मैसेज पहले सेकंडों में आ जाते थे, अब घंटों बाद आते हैं। जो कॉल पहले घंटों तक चलती थीं, अब कुछ मिनटों में खत्म हो जाती हैं। जो इंसान पहले आपकी आवाज से आपका दर्द समझ लेता था, अब आपकी खामोशी भी उसे सुनाई नहीं देती।

फिर भी दिल हार नहीं मानता। वह बार-बार उसी वादे को याद करता है। "मैं कभी तुम्हें छोड़कर नहीं जाऊँगा।" यही शब्द उसे उम्मीद देते रहते हैं। लेकिन कई बार यही उम्मीद सबसे बड़ा दर्द बन जाती है। क्योंकि जब कोई इंसान चला जाता है, तो उसके साथ सिर्फ उसका साथ नहीं जाता, बल्कि उन शब्दों पर किया गया भरोसा भी चला जाता है।

रात के सन्नाटे में जब सब सो रहे होते हैं, तब सबसे ज्यादा आवाजें यादों की आती हैं। इंसान पुराने मैसेज पढ़ता है, पुरानी तस्वीरें देखता है और उन दिनों को याद करता है जब सब कुछ अच्छा था। वह सोचता है कि आखिर ऐसा क्या बदल गया। क्या प्यार कम हो गया? क्या उसकी अहमियत खत्म हो गई? क्या वह पहले जैसा नहीं रहा? इन सवालों का जवाब अक्सर उसे कभी नहीं मिलता।

"कुछ लोग जिंदगी से चले जाते हैं, लेकिन उनकी कही हुई बातें दिल में हमेशा के लिए रह जाती हैं।"

यही वह समय होता है जब इंसान खुद को दोष देने लगता है। उसे लगता है कि शायद गलती उसी की थी। शायद उसने ज्यादा प्यार किया। शायद उसने ज्यादा

भरोसा किया। शायद उसने उस इंसान को जरूरत से ज्यादा अहमियत दे दी। लेकिन सच यह है कि किसी से सच्चा प्यार करना कभी गलती नहीं होती। गलती तब होती है जब कोई इंसान ऐसे वादे कर देता है जिन्हें निभाने का उसका इरादा ही नहीं होता।

कई लोग कहते हैं कि वक्त सब ठीक कर देता है। लेकिन कुछ जख्म ऐसे होते हैं जिन्हें वक्त सिर्फ छुपा देता है, भरता नहीं। इंसान मुस्कुराना सीख जाता है, लोगों के बीच रहना सीख जाता है, लेकिन उसके दिल में कहीं न कहीं वह दर्द हमेशा जिंदा रहता है। हर बार जब कोई नया इंसान उससे "हमेशा साथ रहने" की बात करता है, तो उसका दिल डर जाता है। क्योंकि वह पहले ही देख चुका होता है कि "हमेशा" शब्द कितना छोटा और कितना झूठा साबित हो सकता है।

"टूटा हुआ दिल फिर भी संभल जाता है, लेकिन टूटा हुआ भरोसा इंसान को उम्रभर डराता रहता है।"

कई बार जो लोग छोड़कर जाते हैं, उन्हें अंदाजा भी नहीं होता कि उन्होंने पीछे कितनी तबाही छोड़ी है। उनके लिए शायद यह सिर्फ एक रिश्ता था, लेकिन सामने वाले के लिए वह पूरी दुनिया थी। जब वह दुनिया टूटती है, तो इंसान सिर्फ किसी को नहीं खोता, बल्कि खुद का एक हिस्सा भी खो देता है। वह पहले जैसा नहीं रह जाता। उसकी हँसी बदल जाती है, उसकी सोच बदल जाती है और सबसे ज्यादा उसका भरोसा बदल जाता है।

आज की दुनिया में लोग "हमेशा", "कभी नहीं", "सिर्फ तुम" जैसे शब्द बहुत आसानी से बोल देते हैं। लेकिन उन्हें यह समझ नहीं आता कि कोई सामने वाला इन शब्दों को सिर्फ सुन नहीं रहा, बल्कि उन पर अपनी जिंदगी की नींव रख रहा है। जब वह नींव टूटती है, तो पूरा घर बिखर जाता है।

"वादे करना आसान होता है, लेकिन किसी के दिल में उम्मीद जगाकर उसे तोड़ देना सबसे कठिन दर्द बन जाता है।"

किसी को छोड़ना गलत नहीं है। कभी-कभी परिस्थितियाँ ऐसी हो जाती हैं कि साथ रहना संभव नहीं होता। लेकिन किसी को झूठी उम्मीद देना गलत है। किसी को यह यकीन दिलाना कि आप कभी नहीं जाएँगे, जबकि आपको खुद अपने भविष्य का भरोसा नहीं है, यह सबसे बड़ा अन्याय है। क्योंकि सच चाहे कितना भी

कड़वा हो, वह इंसान को एक बार दुख देता है। लेकिन झूठी उम्मीद बार-बार दुख देती है।

रिश्तों की खूबसूरती सच्चाई में होती है, बड़े-बड़े वादों में नहीं। जो इंसान सच में साथ रहना चाहता है, उसे बार-बार यह कहने की जरूरत नहीं पड़ती कि वह कभी नहीं जाएगा। उसका व्यवहार, उसका समय और उसकी मौजूदगी खुद यह साबित कर देती है।

"कुछ लोग हमें छोड़कर चले जाते हैं, लेकिन जाते-जाते हमारे अंदर एक ऐसा खालीपन छोड़ जाते हैं जिसे पूरी जिंदगी कोई भर नहीं पाता।"

शायद यही वजह है कि "मैं कभी तुम्हें छोड़कर नहीं जाऊँगा" आज के रिश्तों का सबसे दर्दनाक झूठ बन गया है। क्योंकि जब यह झूठ टूटता है, तो सिर्फ एक रिश्ता खत्म नहीं होता। इसके साथ उम्मीदें खत्म होती हैं, सपने खत्म होते हैं और वह भरोसा खत्म हो जाता है जिसे बनाने में वर्षों लग जाते हैं।

निष्कर्ष

साथ निभाने का यकीन नहीं है, तो झूठी उम्मीद देने से बेहतर है सच बोल देना। क्योंकि सच कुछ समय के लिए दर्द देता है, लेकिन झूठी उम्मीद पूरी जिंदगी का दर्द बन सकती है।

याद रखिए, किसी इंसान को खोना उतना दर्दनाक नहीं होता, जितना उस इंसान पर किया गया भरोसा खो देना। और शायद इसी लिए "मैं कभी तुम्हें छोड़कर नहीं जाऊँगा" रिश्तों का सबसे दर्दनाक झूठ बन जाता है।

"लोग चले जाते हैं, यह जिंदगी का नियम है... लेकिन दर्द तब होता है जब जाने वाला कभी हमेशा साथ रहने का वादा कर चुका हो।"

2

तुम मेरे लिए सबसे खास हो

रिश्तों में कुछ शब्द ऐसे होते हैं जो किसी इंसान के दिल को उम्मीदों से भर देते हैं। जब कोई अपना यह कहता है कि, "तुम मेरे लिए सबसे खास हो," तो यह सिर्फ एक तारीफ नहीं होती, बल्कि एक एहसास होता है। यह वह एहसास होता है जो किसी इंसान को यह यकीन दिलाता है कि उसकी जिंदगी में उसकी एक अलग जगह है, एक ऐसी जगह जिसे कोई दूसरा कभी नहीं ले सकता। यही कारण है कि जब यह बात सच्ची होती है तो दिल को सुकून देती है, लेकिन जब यह झूठ साबित होती है तो इंसान के आत्मसम्मान तक को तोड़ देती है।

हर इंसान चाहता है कि उसकी जिंदगी में कोई ऐसा हो जिसके लिए वह खास हो। कोई ऐसा हो जो भीड़ में भी उसे अलग पहचान सके, जो उसके दुख को समझे, उसकी खुशी में खुश हो और उसकी मौजूदगी को महत्व दे। जब कोई कहता है, "तुम मेरे लिए सबसे खास हो," तो सुनने वाला उस बात पर सिर्फ विश्वास ही नहीं करता, बल्कि धीरे-धीरे उसे अपनी पहचान का हिस्सा बना लेता है। उसे लगता है कि अब उसकी अहमियत किसी की जिंदगी में सबसे ज्यादा है। उसे लगता है कि चाहे दुनिया बदल जाए, लेकिन उसकी जगह कभी नहीं बदलेगी।

शुरुआत में सब कुछ सच जैसा ही लगता है। सामने वाला समय देता है, परवाह करता है, छोटी-छोटी बातों का ध्यान रखता है। उसकी हर हरकत यह महसूस कराती है कि वह सच में आपको सबसे अलग मानता है। लेकिन समय के साथ कई बार यह एहसास बदलने लगता है। वही इंसान जो कभी आपकी एक छोटी सी

उदासी देखकर बेचैन हो जाता था, अब आपकी तकलीफ को भी नजरअंदाज करने लगता है। वही इंसान जो कभी कहता था कि आप उसकी दुनिया हो, अब अपनी दुनिया में आपके लिए जगह निकालना भी जरूरी नहीं समझता।

"सबसे ज्यादा दर्द तब नहीं होता जब कोई हमें भूल जाता है, दर्द तब होता है जब वही इंसान हमें आम बना देता है जिसने कभी हमें सबसे खास कहा था।"

धीरे-धीरे आपको महसूस होने लगता है कि आप अब उसकी जिंदगी में पहले जैसे नहीं रहे। पहले आपकी हर बात जरूरी थी, अब आपकी बातों का जवाब भी देर से आता है। पहले आपकी मौजूदगी उसे खुशी देती थी, अब आपकी गैरमौजूदगी भी उसे परेशान नहीं करती। और यहीं से दिल के अंदर सवाल पैदा होने लगते हैं। क्या सच में मैं कभी खास था? या यह सिर्फ उस समय की एक खूबसूरत बात थी जिसे मैंने सच मान लिया?

रिश्तों में सबसे बड़ी समस्या यह नहीं होती कि लोग बदल जाते हैं। समस्या यह होती है कि वे बदलने के बाद भी अपने पुराने शब्दों की जिम्मेदारी नहीं लेते। वे भूल जाते हैं कि जिन बातों को उन्होंने सामान्य समझकर कहा था, किसी ने उन्हें अपनी जिंदगी का सच मान लिया था।

कई बार इंसान अपने आप को साबित करने में लग जाता है। वह पहले से ज्यादा प्यार करने लगता है, पहले से ज्यादा समय देने लगता है, पहले से ज्यादा समझौते करने लगता है। उसे लगता है कि शायद उसकी कोई कमी रह गई होगी। शायद अगर वह और अच्छा बन जाए, तो सब पहले जैसा हो जाएगा। लेकिन सच्चाई यह है कि किसी की नजरों में अपनी जगह बचाने के लिए लगातार लड़ना पड़ रहा हो, तो वह जगह पहले ही खत्म हो चुकी होती है।

"जिस रिश्ते में अपनी अहमियत साबित करनी पड़े, वहाँ प्यार नहीं, सिर्फ डर बचा होता है।"

कई लोग यह नहीं समझते कि "तुम मेरे लिए सबसे खास हो" जैसे शब्द किसी इंसान के दिल में कितनी गहराई तक उतर जाते हैं। वह उन शब्दों के आधार पर अपने सपने बनाता है। वह अपनी खुशियों को उस रिश्ते से जोड़ देता है। और जब उसे महसूस होता है कि वह अब खास नहीं रहा, तो सिर्फ उसका दिल नहीं टूटता,

उसका आत्मविश्वास भी टूट जाता है।

फिर वह खुद से सवाल पूछने लगता है। क्या मुझमें कोई कमी थी? क्या मैं पर्याप्त अच्छा नहीं था? क्या मैं प्यार के लायक नहीं था? जबकि सच्चाई यह होती है कि समस्या उसकी नहीं होती। समस्या उन शब्दों की होती है जो बिना सोचे-समझे बोल दिए गए थे।

रात के समय यह दर्द और गहरा हो जाता है। इंसान पुराने मैसेज पढ़ता है जहाँ उसे "सबसे खास" कहा गया था। वह उन दिनों को याद करता है जब उसे सच में लगता था कि उसकी एक अलग जगह है। लेकिन अब वही शब्द उसे खुशी नहीं देते, बल्कि उसकी आँखों में आँसू ले आते हैं। क्योंकि अब उसे पता चल चुका होता है कि शब्द और सच हमेशा एक जैसे नहीं होते।

"कुछ यादें मुस्कुराने के लिए नहीं होतीं, कुछ यादें सिर्फ यह याद दिलाने के लिए होती हैं कि हम कभी किसी के लिए कितने महत्वपूर्ण थे।"

समय के साथ इंसान यह समझने लगता है कि खास होना शब्दों से साबित नहीं होता। अगर कोई सच में आपको खास मानता है, तो वह अपने व्यवहार से दिखाता है। वह आपको समय देता है, सम्मान देता है और आपकी भावनाओं की कद्र करता है। उसे बार-बार यह कहने की जरूरत नहीं पड़ती कि आप खास हैं। उसका हर काम यह बात खुद कह देता है।

लेकिन जो लोग सिर्फ शब्दों में प्यार दिखाते हैं, उनके शब्द अक्सर समय के साथ खो जाते हैं। और जब शब्द खो जाते हैं, तब उनके पीछे छोड़ा गया दर्द बहुत लंबे समय तक साथ रहता है।

"दुनिया में सबसे अकेला वह इंसान नहीं होता जिसके पास कोई नहीं होता, बल्कि वह होता है जिसे कभी किसी ने सबसे खास होने का एहसास दिलाया हो और फिर उसे भुला दिया हो।"

शायद यही वजह है कि यह झूठ इतना दर्द देता है। क्योंकि यह सिर्फ एक वाक्य नहीं होता, यह किसी इंसान की अहमियत से जुड़ा होता है। और जब किसी की अहमियत को नजरअंदाज किया जाता है, तो उसका दिल सिर्फ दुखी नहीं होता,

वह खुद पर शक करने लगता है।

रिश्ते तब खूबसूरत बनते हैं जब उनमें सच्चाई होती है। अगर कोई आपके लिए सच में खास है, तो उसे यह महसूस कराने के लिए बड़े-बड़े वादों की जरूरत नहीं होती। लेकिन अगर दिल में सच्चाई नहीं है, तो हजार बार "तुम सबसे खास हो" कहने का भी कोई मतलब नहीं रह जाता।

"सबसे गहरा घाव धोखा नहीं देता, सबसे गहरा घाव वह एहसास देता है कि जिस इंसान के लिए तुम खास थे, उसके लिए तुम कभी उतने खास थे ही नहीं।"

निष्कर्ष

"तुम मेरे लिए सबसे खास हो" एक बहुत खूबसूरत वाक्य है, लेकिन तभी जब इसके पीछे सच्चाई हो। अगर यह सिर्फ किसी को खुश करने, रोकने या उससे प्यार पाने के लिए कहा गया हो, तो यह एक ऐसा झूठ बन जाता है जो इंसान के आत्मसम्मान तक को चोट पहुँचा देता है।

रिश्तों में किसी को खास महसूस कराना गलत नहीं है, लेकिन उसे झूठी उम्मीद देना गलत है। क्योंकि जब कोई इंसान यह मान लेता है कि उसकी जगह किसी की जिंदगी में सबसे अलग है, तो वह उस रिश्ते में अपना सब कुछ लगा देता है। और जब उसे पता चलता है कि वह सिर्फ शब्दों में खास था, हकीकत में नहीं, तो उसका दिल टूट जाता है।

याद रखिए, किसी को सबसे खास कहना आसान है, लेकिन उसे जिंदगी भर वही एहसास देना बहुत मुश्किल है। और शायद इसी लिए "तुम मेरे लिए सबसे खास हो" रिश्तों का दूसरा सबसे दर्दनाक झूठ बन जाता है।

"किसी की जिंदगी में खास बनना खूबसूरत होता है, लेकिन यह जानना कि तुम सिर्फ शब्दों में खास थे, बहुत दर्दनाक होता है।"

3

मैं हमेशा तुम्हारे साथ हूँ

रिश्तों में कुछ वाक्य ऐसे होते हैं जो सिर्फ शब्द नहीं होते, बल्कि किसी इंसान के टूटे हुए दिल की उम्मीद बन जाते हैं। जब कोई कहता है, "मैं हमेशा तुम्हारे साथ हूँ", तो सुनने वाला सिर्फ यह नहीं सुनता कि कोई उसके साथ रहेगा, बल्कि वह यह महसूस करता है कि अब चाहे जिंदगी कितनी भी कठिन क्यों न हो जाए, उसके पास एक ऐसा इंसान है जो उसका हाथ कभी नहीं छोड़ेगा। यही वजह है कि यह वाक्य जितना खूबसूरत लगता है, उतना ही दर्दनाक भी हो सकता है।

जब हम किसी से दिल से जुड़ जाते हैं, तो हम अपने सारे डर उसके सामने रख देते हैं। हम अपनी कमजोरियाँ दिखा देते हैं, अपने अधूरे सपने बता देते हैं और अपनी उन बातों को भी साझा कर लेते हैं जो हमने शायद कभी किसी से नहीं कही होतीं। क्योंकि हमें भरोसा होता है कि जो इंसान हमेशा साथ रहने की बात कर रहा है, वह हमें कभी अकेला नहीं छोड़ेगा।

एक समय ऐसा आता है जब वह इंसान हमारी आदत बन जाता है। उसकी आवाज सुनकर सुकून मिलता है, उसका एक मैसेज पूरे दिन की थकान मिटा देता है और उसकी मौजूदगी जिंदगी को थोड़ा आसान बना देती है। फिर धीरे-धीरे हम अपनी खुशियों से ज्यादा उसकी मौजूदगी को महत्व देने लगते हैं।

"कुछ लोग हमारी जिंदगी में प्यार बनकर नहीं आते, वे हमारी आदत बनकर आते हैं... और जब जाते हैं, तो सांसें चलती रहती हैं, लेकिन जीने का मन नहीं करता।"

शुरुआत में सब कुछ परफेक्ट लगता है। हर परेशानी में वह आपके साथ खड़ा दिखाई देता है। जब आप रोते हैं, वह आपको संभालता है। जब आप हार मानने लगते हैं, वह आपको हिम्मत देता है। और हर बार जब आपको डर लगता है, वह कहता है — **"डरो मत, मैं हमेशा तुम्हारे साथ हूँ।"**

धीरे-धीरे यह वाक्य आपके दिल में बस जाता है। आपको लगता है कि चाहे दुनिया बदल जाए, यह इंसान नहीं बदलेगा। चाहे बाकी सब लोग चले जाएँ, यह आपके साथ रहेगा।

लेकिन जिंदगी का सबसे बड़ा दर्द तब शुरू होता है जब वही इंसान बदलने लगता है।

पहले उसकी व्यस्तता बढ़ती है। फिर उसकी बातें कम होने लगती हैं। फिर उसकी परवाह कम हो जाती है। और एक दिन ऐसा आता है जब आपको महसूस होता है कि अब वह पहले जैसा नहीं रहा।

आप बार-बार खुद को समझाते हैं कि शायद वह परेशान होगा। शायद वह किसी मुश्किल दौर से गुजर रहा होगा। शायद कुछ समय बाद सब ठीक हो जाएगा।

लेकिन हर दिन के साथ आपका इंतजार बढ़ता जाता है और उसकी दूरी भी।

"इंतजार तब सबसे ज्यादा दर्द देता है, जब दिल जानता हो कि सामने वाला वापस नहीं आएगा, लेकिन उम्मीद फिर भी मरने से इंकार कर दे।"

रात को जब सब सो जाते हैं, तब आपकी आँखों में नींद नहीं होती। आप पुराने मैसेज पढ़ते हैं। उन शब्दों को बार-बार देखते हैं जिनमें उसने लिखा था — "मैं हमेशा तुम्हारे साथ हूँ।"

आप सोचते हैं कि क्या वह सच था?

क्या वह इंसान सच में ऐसा सोचता था?

या फिर वह सिर्फ उस समय की एक खूबसूरत बात थी?

लेकिन जवाब कहीं नहीं मिलता।

सिर्फ खामोशी मिलती है।

वही खामोशी जो पहले कभी उसकी आवाज से भर जाया करती थी।

"कभी-कभी इंसान किसी के जाने पर नहीं रोता, वह इसलिए रोता है क्योंकि उसे एहसास हो जाता है कि अब कोई लौटकर

नहीं आएगा।"

धीरे-धीरे आपको समझ आने लगता है कि कुछ लोग वादे तो कर लेते हैं, लेकिन उन्हें निभाने की ताकत नहीं रखते। उन्हें अंदाजा ही नहीं होता कि उनके शब्द किसी के दिल में कितनी गहराई तक उतर गए हैं।

वे आगे बढ़ जाते हैं।

नई जिंदगी शुरू कर देते हैं।

नए लोगों के साथ खुश रहने लगते हैं।

लेकिन पीछे रह जाता है एक ऐसा इंसान जिसने उनके शब्दों पर अपनी पूरी दुनिया बना ली थी।

वह हर दिन खुद को समझाने की कोशिश करता है।

वह कहता है कि अब सब खत्म हो चुका है।

लेकिन हर रात उसका दिल फिर वही सवाल पूछता है —

"अगर जाना ही था, तो हमेशा साथ रहने का वादा क्यों किया था?"

"दर्द किसी के छोड़कर जाने का नहीं होता साहब... दर्द उस भरोसे का होता है जो हमने उसकी बातों पर किया था।"

समय बीतता जाता है, लेकिन कुछ घाव समय के साथ भी नहीं भरते। वे सिर्फ आदत बन जाते हैं। इंसान मुस्कुराना सीख जाता है, लेकिन उसके अंदर कहीं न कहीं वह खालीपन हमेशा जिंदा रहता है।

जब भी कोई नया इंसान उसकी जिंदगी में आता है और बड़े-बड़े वादे करता है, तो उसका दिल डर जाता है। क्योंकि उसने पहले भी किसी के "हमेशा" पर भरोसा किया था।

और अब उसे पता है कि "हमेशा" कभी-कभी सिर्फ कुछ महीनों का नाम होता है।

"सबसे ज्यादा आँसू तब निकलते हैं, जब हम किसी ऐसे इंसान को याद करते हैं जो कभी हमें खोने से डरता था और आज हमें याद तक नहीं करता।"

कई लोग सोचते हैं कि प्यार खत्म होने से रिश्ते टूटते हैं।

लेकिन सच्चाई यह है कि कई रिश्ते प्यार खत्म होने से नहीं, भरोसा खत्म होने से टूटते हैं।

और जब भरोसा टूटता है, तो उसके साथ इंसान का एक हिस्सा भी टूट जाता है।

यही वजह है कि कुछ लोग जिंदगी में आगे बढ़ जाते हैं, लेकिन उनका दिल वहीं रह जाता है जहाँ किसी ने उनसे कहा था –

"मैं हमेशा तुम्हारे साथ हूँ।"

"कुछ वादे टूटने के बाद आवाज नहीं करते, लेकिन उनकी गूंज पूरी जिंदगी सुनाई देती रहती है।"

निष्कर्ष

"मैं हमेशा तुम्हारे साथ हूँ" सिर्फ एक वाक्य नहीं है, यह किसी इंसान की उम्मीद, उसका भरोसा और उसका सहारा होता है। इसलिए इसे बोलने से पहले हजार बार सोचना चाहिए। क्योंकि अगर यह वादा टूट गया, तो सिर्फ एक रिश्ता नहीं टूटेगा, किसी का दिल भी टूट जाएगा।

अगर आप हमेशा साथ नहीं रह सकते, तो किसी को हमेशा का भरोसा मत दीजिए। क्योंकि सच कुछ समय के लिए दर्द देता है, लेकिन झूठा भरोसा पूरी जिंदगी रुला सकता है।

"कुछ लोग हमारी जिंदगी छोड़कर चले जाते हैं, लेकिन जाते-जाते हमारे अंदर एक ऐसा खालीपन छोड़ जाते हैं जिसे भरने में पूरी उम्र लग जाती है।"

"और सबसे दर्दनाक बात यह नहीं कि वह चला गया... सबसे दर्दनाक बात यह है कि जाते समय वह अपने सारे वादे भी साथ ले गया।"

4

“मुझ पर भरोसा करो”

इंसान की सबसे बड़ी जरूरत प्यार नहीं होती, भरोसा होता है। प्यार के बिना शायद कोई कुछ समय जी सकता है, लेकिन भरोसे के बिना कोई रिश्ता ज्यादा समय तक नहीं चल सकता। यही वजह है कि जब कोई इंसान हमारी जिंदगी में आकर कहता है, "मुझ पर भरोसा करो," तो हम धीरे-धीरे अपने दिल के दरवाजे उसके लिए खोलने लगते हैं। हम अपनी उन बातों को भी उसके साथ साझा कर देते हैं जो हमने कभी किसी और को नहीं बताई होतीं। क्योंकि मनोविज्ञान कहता है कि जब इंसान किसी पर भरोसा करता है, तो वह उसके सामने अपना सबसे असली रूप दिखाने लगता है। वह नकली मुस्कानों के पीछे नहीं छिपता, वह अपने दर्द, अपने डर और अपनी कमजोरियों को छिपाने की कोशिश नहीं करता।

शायद इसी वजह से भरोसा टूटने का दर्द दिल टूटने से भी ज्यादा गहरा होता है। क्योंकि जब कोई हमारा भरोसा तोड़ता है, तो सिर्फ एक रिश्ता नहीं टूटता, बल्कि हमारे अंदर लोगों पर विश्वास करने की क्षमता भी कमजोर हो जाती है।

जब कोई बार-बार कहता है, "मुझ पर भरोसा करो", तो हमारा दिमाग धीरे-धीरे उसकी बातों को सच मानने लगता है। इसे Psychology में **Emotional Conditioning** कहा जाता है। जब एक ही बात बार-बार सुनी जाती है, तो दिमाग उसे सच मानने लगता है, भले ही उसके पीछे कोई प्रमाण न हो। यही कारण है कि कई लोग उन रिश्तों में भी बने रहते हैं जहाँ उन्हें लगातार चोट मिल रही होती है। क्योंकि उनका दिल अभी भी उसी भरोसे को पकड़े बैठा होता है जो कभी उन्हें दिया गया था।

"झूठ से ज्यादा दर्द तब होता है, जब झूठ बोलने वाला वही इंसान हो जिस पर हमने सबसे ज्यादा भरोसा किया हो।"

शुरुआत में सब कुछ बहुत खूबसूरत लगता है। सामने वाला आपकी हर बात सुनता है, आपकी हर परेशानी समझता है और हर बार जब आपको कोई शक होता है, वह सिर्फ एक बात कहता है — "मुझ पर भरोसा करो।" धीरे-धीरे आप सवाल पूछना बंद कर देते हैं। आप अपनी शंकाओं को दबा देते हैं। आप अपने दिल की उस आवाज को भी अनदेखा कर देते हैं जो आपको सावधान रहने के लिए कह रही होती है।

Psychology कहती है कि जब इंसान किसी से बहुत ज्यादा भावनात्मक रूप से जुड़ जाता है, तो उसका दिमाग सामने वाले की गलतियों को भी सही साबित करने की कोशिश करने लगता है। इसे **Confirmation Bias** कहा जाता है। यानी हम वही चीजें देखना चाहते हैं जो हमारे विश्वास को सही साबित करें। इसलिए जब सामने वाला बदलने लगता है, तब भी हम खुद को समझाते रहते हैं कि नहीं, वह ऐसा नहीं हो सकता। वह तो मुझसे प्यार करता है। उसने तो कहा था कि मुझ पर भरोसा करो।

लेकिन सच्चाई धीरे-धीरे सामने आने लगती है।

जवाब देर से आने लगते हैं।

बातें अधूरी होने लगती हैं।

ध्यान कम होने लगता है।

और एक दिन आपको महसूस होता है कि अब सिर्फ आप ही रिश्ता बचाने की कोशिश कर रहे हैं।

उस दिन सबसे ज्यादा दर्द इस बात का नहीं होता कि वह बदल गया।

दर्द इस बात का होता है कि आपने खुद को गलत साबित किया था सिर्फ इसलिए क्योंकि आप उस पर भरोसा करना चाहते थे।

"कई बार हम किसी इंसान से नहीं हारते, हम उसके लिए किए गए अपने भरोसे से हार जाते हैं।"

रात को जब इंसान अकेला होता है, तब उसका दिमाग हजारों सवाल पूछता है। क्या वह शुरुआत से झूठ बोल रहा था? क्या उसने कभी सच में मेरी परवाह की थी? क्या मैं सिर्फ एक विकल्प था? लेकिन इन सवालों का जवाब शायद ही कभी

मिलता है। और जब जवाब नहीं मिलते, तो इंसान खुद को दोष देने लगता है।

यही मानव मन की सबसे दुखद आदत है।

जब कोई हमें चोट पहुँचाता है, तब भी हम खुद में गलती ढूँढने लगते हैं।

हम सोचते हैं कि शायद हम बेहतर होते तो वह नहीं जाता।

शायद हम और समझदार होते तो वह नहीं बदलता।

शायद हम और प्यार करते तो वह हमें धोखा नहीं देता।

लेकिन सच यह है कि किसी का भरोसा तोड़ना उसकी पसंद होती है, आपकी गलती नहीं।

"सबसे दर्दनाक एहसास वह नहीं होता कि कोई आपको छोड़ गया, बल्कि यह होता है कि उसने जाते-जाते आपका भरोसा भी अपने साथ ले लिया।"

धीरे-धीरे इंसान लोगों से डरने लगता है। वह मुस्कुराता तो है, लेकिन खुलकर नहीं। वह नए रिश्ते बनाता तो है, लेकिन दिल से नहीं। क्योंकि उसके अंदर एक डर बैठ चुका होता है कि कहीं फिर से कोई उसे "मुझ पर भरोसा करो" कहकर तोड़ न दे।

Psychology में इसे **Trust Trauma** कहा जाता है। जब किसी का भरोसा बुरी तरह टूटता है, तो उसका दिमाग भविष्य के रिश्तों को भी खतरे की तरह देखने लगता है। इसलिए कई बार अच्छे लोग भी किसी टूटे हुए इंसान को प्यार नहीं दे पाते, क्योंकि उसके अंदर का डर हर अच्छे इरादे पर भी शक करने लगता है।

यही कारण है कि भरोसा एक बार टूट जाए, तो उसे दोबारा बनाने में सालों लग जाते हैं।

क्योंकि भरोसा शब्दों से नहीं बनता।

भरोसा लगातार निभाए गए व्यवहार से बनता है।

और जब वह टूटता है, तो सिर्फ एक रिश्ता नहीं टूटता, इंसान की सोच बदल जाती है।

"कुछ लोग हमारे दिल को नहीं तोड़ते, वे हमारी मासूमियत तोड़ देते हैं। उसके बाद हम पहले जैसे कभी नहीं रह पाते।"

समय बीत जाता है। जिंदगी आगे बढ़ जाती है। नए लोग आते हैं। नई बातें होती हैं। लेकिन कुछ शब्द हमेशा दिल में रह जाते हैं। उनमें से एक है — "मुझ पर भरोसा करो।"

क्योंकि यह सिर्फ एक वाक्य नहीं था।

यह वह जगह थी जहाँ किसी ने अपना पूरा दिल रख दिया था।

और जब वह जगह टूट गई, तो उसके साथ बहुत कुछ टूट गया।

शायद इसी वजह से आज भी कुछ लोग धोखे को नहीं याद करते, लेकिन उस भरोसे को याद करके रो पड़ते हैं जो उन्होंने कभी किसी पर किया था।

"इंसान धोखा भूल सकता है, लेकिन जिस भरोसे के साथ उसने किसी को अपना माना था, उसे कभी नहीं भूल पाता।"

निष्कर्ष

"मुझ पर भरोसा करो" रिश्तों का सबसे खूबसूरत और सबसे जिम्मेदार वाक्य है। इसे बोलना आसान है, लेकिन निभाना बहुत मुश्किल। क्योंकि जब कोई इंसान आप पर भरोसा करता है, तो वह सिर्फ आपकी बातों पर नहीं, बल्कि आपको अपनी दुनिया का हिस्सा बना लेता है।

इसलिए अगर आप किसी का भरोसा नहीं निभा सकते, तो उससे भरोसा माँगिए मत। क्योंकि टूटा हुआ दिल शायद समय के साथ ठीक हो जाए, लेकिन टूटा हुआ भरोसा इंसान की पूरी सोच बदल देता है।

"रिश्ते तब नहीं मरते जब लोग दूर चले जाते हैं, रिश्ते तब मरते हैं जब भरोसा दम तोड़ देता है।"

"और शायद दुनिया का सबसे भारी बोझ वह होता है, जब किसी की कही हुई 'मुझ पर भरोसा करो' वाली बात एक दिन सबसे बड़ा झूठ साबित हो जाए।"

5

"मैं किसी और से बात नहीं करता/करती"

रिश्तों की दुनिया में कुछ झूठ ऐसे होते हैं जो पहली नज़र में बहुत छोटे लगते हैं, लेकिन जब उनका सच सामने आता है, तो वही छोटे झूठ सबसे बड़े दर्द में बदल जाते हैं। "**मैं किसी और से बात नहीं करता/करती**" भी ऐसा ही एक झूठ है। यह सिर्फ एक वाक्य नहीं होता, बल्कि यह उस भरोसे की नींव होता है जिस पर पूरा रिश्ता खड़ा होता है। जब कोई इंसान यह बात कहता है, तो सामने वाला सिर्फ उसके शब्दों पर यकीन नहीं करता, बल्कि अपनी भावनाएँ, अपना विश्वास और अपना सुकून भी उसके हवाले कर देता है। उसे लगता है कि वह इस इंसान के लिए खास है, कि उसकी जगह कोई और नहीं ले सकता। लेकिन कई बार सच उतना खूबसूरत नहीं होता जितना शब्द होते हैं।

मनोविज्ञान कहता है कि जब कोई व्यक्ति प्यार में पड़ता है, तो उसका दिमाग उस इंसान की अच्छी बातों को ज्यादा और बुरी बातों को कम देखने लगता है। वह उन चीज़ों को भी नजरअंदाज कर देता है जो सामान्य परिस्थितियों में उसे परेशान कर देतीं। यही कारण है कि जब सामने वाला कहता है, "**मुझ पर भरोसा करो, मैं किसी और से बात नहीं करता।**" तो दिल तुरंत मान लेता है। क्योंकि प्यार में इंसान सच सुनना नहीं चाहता, वह वही सुनना चाहता है जिससे उसे सुकून मिले। और सुकून देने वाले झूठ अक्सर दर्द देने वाले सच से ज्यादा आकर्षक लगते हैं।

"सबसे खतरनाक झूठ वह होता है, जिसे सुनकर दिल को सुकून मिलने लगे।"

शुरुआत में सब कुछ सामान्य लगता है। हर दिन बातें होती हैं, प्यार जताया जाता है, भविष्य के सपने देखे जाते हैं। धीरे-धीरे सामने वाला आपकी आदत बन जाता है। आप दिन की शुरुआत उसी के मैसेज से करते हैं और रात का अंत उसी की आवाज़ सुनकर। आपको लगने लगता है कि उसकी दुनिया में आपकी जगह सबसे अलग है। लेकिन समय के साथ कुछ छोटी-छोटी चीजें बदलने लगती हैं। पहले जो इंसान हर बात साझा करता था, अब कुछ बातें छुपाने लगता है। पहले जो हर कॉल तुरंत उठाता था, अब अक्सर व्यस्त रहने लगा है। पहले जो आपकी छोटी-सी उदासी पहचान लेता था, अब आपकी खामोशी भी उसे महसूस नहीं होती।

दिल इन बदलावों को महसूस करता है, लेकिन स्वीकार नहीं करना चाहता। क्योंकि स्वीकार करने का मतलब होगा यह मान लेना कि शायद कुछ गलत है। और जब इंसान किसी से बहुत ज्यादा प्यार करता है, तो वह सच से ज्यादा अपने रिश्ते को बचाने की कोशिश करता है।

जब भी आप उससे कोई सवाल पूछते हैं, वह मुस्कुराकर कहता है, "तुम बेवजह सोच रहे हो।" कभी कहता है, "तुम्हें मुझ पर भरोसा नहीं है क्या?" और कभी सिर्फ इतना कह देता है, "मैं सिर्फ तुमसे बात करता हूँ।"

धीरे-धीरे आप अपने ही दिल को गलत साबित करने लगते हैं। आप अपनी आँखों से देखी हुई चीज़ों को नजरअंदाज करने लगते हैं। क्योंकि आपको डर होता है कि अगर आपका शक सच निकला, तो शायद आपका रिश्ता भी टूट जाएगा।

"कई बार इंसान सच से नहीं डरता, वह उस दर्द से डरता है जो सच स्वीकार करने के बाद मिलने वाला होता है।"

Psychology में एक शब्द होता है — **Emotional Dependency**। इसका मतलब है कि जब हमारी भावनात्मक खुशी पूरी तरह किसी एक इंसान पर निर्भर हो जाती है। ऐसे समय में हम उस व्यक्ति की गलतियों को भी सही ठहराने लगते हैं, क्योंकि हमें डर होता है कि अगर हमने सच स्वीकार कर लिया, तो शायद हम उसे खो देंगे। और कई लोग इसी डर में सालों तक जीते रहते हैं।

लेकिन सच की एक आदत होती है — वह ज्यादा समय तक छुपा नहीं रहता।

एक दिन ऐसा आता है जब सच्चाई खुद सामने आ जाती है। शायद किसी Notification से, किसी Screenshot से, किसी अनजाने नाम से या सिर्फ बदलते हुए व्यवहार से। और उस दिन दुनिया जैसे कुछ पलों के लिए रुक जाती है।

उस दिन दर्द इस बात का नहीं होता कि वह किसी और से बात कर रहा था।

दर्द इस बात का होता है कि उसने आपकी आँखों में देखकर कहा था — **"मैं किसी और से बात नहीं करता।"**

और आपने उस पर यकीन कर लिया था।

"धोखा देने वाला सिर्फ एक झूठ बोलता है, लेकिन भरोसा करने वाला उस झूठ पर अपनी पूरी दुनिया बना लेता है।"

उस पल इंसान को अपने आँसू भी बेवजह लगते हैं। क्योंकि उसे लगता है कि शायद गलती उसकी ही थी। शायद उसे इतना भरोसा नहीं करना चाहिए था। शायद उसे अपने दिल की बात सुननी चाहिए थी। लेकिन सच यह है कि किसी पर भरोसा करना कभी गलती नहीं होती। गलती उस इंसान की होती है जिसने उस भरोसे को तोड़ दिया।

धीरे-धीरे इंसान समझने लगता है कि उसे दर्द किसी तीसरे व्यक्ति की वजह से नहीं हुआ। उसे दर्द उस झूठ की वजह से हुआ जो बार-बार बोला गया था। क्योंकि अगर सच पहले दिन बता दिया जाता, तो शायद चोट कम लगती। लेकिन झूठी तसल्ली और झूठे भरोसे ने उस दर्द को कई गुना बढ़ा दिया।

"सबसे ज्यादा आँसू किसी के चले जाने पर नहीं निकलते, सबसे ज्यादा आँसू तब निकलते हैं जब हमें एहसास होता है कि हमारा भरोसा गलत जगह था।"

समय बीतता है। जिंदगी आगे बढ़ती है। नए लोग आते हैं। नए रिश्ते बनते हैं। लेकिन टूटे हुए भरोसे की आवाज़ बहुत देर तक दिल में गूंजती रहती है। जब भी कोई नया इंसान कहता है, **"तुम मुझ पर भरोसा कर सकते हो।"** तो दिल एक पल के लिए डर जाता है। क्योंकि वह पहले भी ऐसे शब्द सुन चुका होता है।

यही टूटे हुए भरोसे की सबसे बड़ी सजा होती है।

जिस इंसान ने आपको दर्द दिया, वह तो आगे बढ़ जाता है। लेकिन उसका दिया हुआ डर आपके साथ रह जाता है।

"कुछ लोग दिल नहीं तोड़ते, वे भरोसा करने की हमारी क्षमता तोड़ देते हैं।"

शायद यही कारण है कि "मैं किसी और से बात नहीं करता/करती" जैसा छोटा सा झूठ भी किसी इंसान की पूरी सोच बदल सकता है। क्योंकि रिश्तों में दर्द किसी और की मौजूदगी से नहीं होता, दर्द उस झूठ से होता है जो उस मौजूदगी को छुपाने के लिए बोला गया था।

निष्कर्ष

"मैं किसी और से बात नहीं करता/करती" सिर्फ एक साधारण वाक्य नहीं है। यह रिश्ते में ईमानदारी और भरोसे का प्रतीक है। अगर यह सच हो, तो रिश्ता मजबूत बनता है। लेकिन अगर यह झूठ निकले, तो सिर्फ एक रिश्ता नहीं टूटता, किसी का विश्वास भी टूट जाता है।

इसलिए रिश्तों में हमेशा सच बोलिए। क्योंकि सच कुछ समय के लिए दर्द दे सकता है, लेकिन झूठ उम्रभर के घाव छोड़ सकता है।

"दर्द इस बात का नहीं था कि तुम किसी और से बात करते थे... दर्द इस बात का था कि मैंने तुम्हारी हर बात पर यकीन किया था।"

"और जब भरोसा टूटता है, तो आँसू आँखों से कम और दिल से ज्यादा निकलते हैं।"

6

मैं बदल गया/गई हूँ

किसी रिश्ते में सबसे खतरनाक झूठ वह नहीं होता जो पहली बार बोला जाए। सबसे खतरनाक झूठ वह होता है जो टूटे हुए दिल को दोबारा उम्मीद दे दे। **"मैं बदल गया/गई हूँ"** ऐसा ही एक झूठ है। यह झूठ सिर्फ शब्द नहीं होता, बल्कि उस इंसान के दिल तक पहुँचता है जो पहले ही बहुत कुछ सह चुका होता है। जो पहले ही कई रातें रो चुका होता है, जिसने कई बार खुद को समझाया होता है कि अब वह वापस नहीं जाएगा, अब वह फिर से भरोसा नहीं करेगा। लेकिन फिर एक दिन वही इंसान लौटता है और कहता है — **"मुझे एक मौका और दो, मैं बदल गया हूँ।"**

उस पल दिल और दिमाग की लड़ाई शुरू हो जाती है। दिमाग पुराने घाव याद दिलाता है, पुरानी रातें याद दिलाता है, वे आँसू याद दिलाता है जो किसी ने कभी नहीं देखे थे। लेकिन दिल... दिल सिर्फ उस इंसान की आवाज सुनता है। Psychology कहती है कि जब हम किसी से गहराई से जुड़े होते हैं, तो हमारा दिमाग उसके साथ जुड़ी अच्छी यादों को ज्यादा याद रखता है और बुरी यादों को पीछे धकेलने लगता है। यही वजह है कि कई बार इंसान उसी व्यक्ति को दूसरा मौका दे देता है जिसने उसे पहली बार तोड़ा था।

वह सोचता है कि शायद इस बार सब ठीक हो जाएगा। शायद इस बार वह सच में बदल गया होगा। शायद इस बार मुझे रोना नहीं पड़ेगा। और फिर वह अपने टूटे हुए भरोसे के टुकड़ों को जोड़ना शुरू कर देता है। वह फिर से बात करने लगता है, फिर से मुस्कुराने लगता है, फिर से सपने देखने लगता है। उसे लगता है कि शायद उसकी कहानी का दुखद अंत अब बदल जाएगा।

"टूटा हुआ दिल दर्द से नहीं डरता, वह फिर से उम्मीद करने से डरता है।"

शुरुआत में सचमुच सब कुछ अलग लगता है। सामने वाला पहले से ज्यादा प्यार दिखाता है। पहले से ज्यादा Care करता है। पहले से ज्यादा समय देता है। हर वह चीज़ करता है जिसकी कभी कमी थी। और यही वह समय होता है जब इंसान पूरी तरह विश्वास करने लगता है कि हाँ, शायद वह सच में बदल गया है। लेकिन कई बार यह बदलाव सिर्फ कुछ दिनों का होता है। कुछ लोग अपनी आदतें नहीं बदलते, वे सिर्फ अपना तरीका बदलते हैं। वे कुछ समय के लिए वैसे बन जाते हैं जैसा सामने वाला देखना चाहता है, लेकिन अंदर से वे वही रहते हैं जो पहले थे।

धीरे-धीरे वही पुरानी बातें वापस आने लगती हैं। वही लापरवाही, वही बहाने, वही दूरी। पहले जवाब देर से आने लगते हैं। फिर बातों में पहले जैसा अपनापन नहीं रहता। फिर वही दर्द लौट आता है जिससे भागने के लिए आपने उसे दूसरा मौका दिया था। और एक दिन आपको एहसास होता है कि इंसान नहीं बदला था... सिर्फ उसके शब्द बदल गए थे।

उस दिन जो दर्द होता है, वह पहली बार टूटने से भी ज्यादा गहरा होता है। क्योंकि पहली बार दिल के पास बहाना होता है कि उसे सच पता नहीं था। लेकिन दूसरी बार दिल खुद को माफ नहीं कर पाता। वह बार-बार खुद से पूछता है कि मैंने फिर से भरोसा क्यों किया? मैंने फिर से वही गलती क्यों दोहराई? मैंने अपनी ही आँखों देखे सच को क्यों भुला दिया?

"पहली बार किसी ने दिल तोड़ा था, दूसरी बार हमने खुद अपना दिल तोड़ लिया था।"

Psychology में एक बात कही जाती है कि इंसान अक्सर उन लोगों के पास वापस चला जाता है जिनसे उसे कभी प्यार मिला था, भले ही उन्हीं लोगों ने उसे सबसे ज्यादा दर्द दिया हो। क्योंकि हमारा दिमाग दर्द को भूल सकता है, लेकिन प्यार की यादों को नहीं भूलता। यही वजह है कि कई लोग बार-बार उन्हीं रिश्तों में लौटते हैं जो उन्हें बार-बार तोड़ते हैं।

लेकिन सच्चाई यह है कि जो इंसान सच में बदलता है, उसे बार-बार यह कहने की जरूरत नहीं पड़ती कि वह बदल गया है। उसका व्यवहार खुद यह साबित कर देता है। उसका सम्मान, उसकी ईमानदारी, उसकी कोशिशें और उसका धैर्य खुद

उसकी कहानी बता देते हैं। लेकिन जो इंसान हर कुछ समय बाद आकर सिर्फ यह कहे कि **"मैं बदल गया हूँ"**, वह अक्सर बदलाव नहीं, सिर्फ एक और मौका माँग रहा होता है।

धीरे-धीरे इंसान समझने लगता है कि कुछ लोग इसलिए वापस नहीं आते क्योंकि उन्हें अपनी गलती का एहसास होता है। कुछ लोग इसलिए वापस आते हैं क्योंकि उन्हें पता होता है कि आपका दिल अब भी उनके लिए धड़कता है। और वे उसी दिल का सहारा लेकर फिर से आपकी जिंदगी में जगह बना लेते हैं।

"कुछ लोग बदलते नहीं हैं, वे सिर्फ यह सीख जाते हैं कि आपको दोबारा कैसे मना लेना है।"

फिर एक समय ऐसा आता है जब इंसान थक जाता है। वह और इंतजार नहीं करना चाहता। वह और वादे नहीं सुनना चाहता। वह और "एक आखिरी मौका" नहीं देना चाहता। क्योंकि अब उसे समझ आ चुका होता है कि हर लौटकर आने वाला इंसान बेहतर होकर नहीं आता। कुछ लोग सिर्फ इसलिए लौटते हैं क्योंकि उन्हें कहीं और वह जगह नहीं मिली जो आपने उन्हें दी थी।

और शायद जिंदगी की सबसे बड़ी सीख यही होती है कि किसी के बदलने का इंतजार करते-करते खुद को मत खो देना। क्योंकि कई बार जिस बदलाव का हम इंतजार कर रहे होते हैं, वह कभी आता ही नहीं। और उस इंतजार में हमारी मुस्कान, हमारा सुकून और हमारा आत्मसम्मान सब खो जाता है।

"कई बार हमें उस इंसान को नहीं छोड़ना पड़ता जिसे हम प्यार करते हैं, हमें उस उम्मीद को छोड़ना पड़ता है कि वह एक दिन बदल जाएगा।"

जब इंसान यह बात समझ जाता है, तभी उसकी Healing शुरू होती है। तभी वह खुद को चुनना सीखता है। तभी वह समझता है कि प्यार का मतलब सिर्फ किसी को पकड़कर रखना नहीं होता। कभी-कभी प्यार का मतलब खुद को उस दर्द से दूर करना भी होता है जो बार-बार लौटकर आता है।

और शायद यही वजह है कि **"मैं बदल गया/गई हूँ"** रिश्तों का इतना दर्दनाक झूठ बन जाता है। क्योंकि यह टूटे हुए दिल को दोबारा सपना देखने पर मजबूर कर देता है। और जब वह सपना दूसरी बार टूटता है, तो आवाज़ दिल के अंदर बहुत दूर

तक सुनाई देती है।

निष्कर्ष

"मैं बदल गया/गई हूँ" सुनने में एक नई शुरुआत जैसा लगता है, लेकिन हर नई शुरुआत सच नहीं होती। इसलिए किसी के शब्दों पर नहीं, उसके व्यवहार पर भरोसा कीजिए। क्योंकि बदलाव बोला नहीं जाता, दिखाया जाता है। दर्द इस बात का नहीं था कि तुम नहीं बदले... दर्द इस बात का था कि मैंने फिर से विश्वास कर लिया था।

"कुछ लोग हमारी जिंदगी से जाने के बाद भी हमें रुलाते रहते हैं, क्योंकि हम उनके बदलने का इंतजार छोड़ नहीं पाते।"

7

तुम जैसा कोई नही हैं

रिश्तों में कुछ झूठ ऐसे होते हैं जो सुनने में तारीफ़ लगते हैं, लेकिन समय के साथ वही सबसे गहरे घाव बन जाते हैं। "तुम जैसा कोई नहीं" भी ऐसा ही एक झूठ है। जब कोई इंसान यह बात कहता है, तो सामने वाला सिर्फ खुश नहीं होता, बल्कि वह खुद को उस इंसान की जिंदगी में एक खास जगह पर देखने लगता है। उसे लगता है कि वह भीड़ का हिस्सा नहीं है, वह किसी के लिए सबसे अलग है। और शायद यही वजह है कि जब इस वाक्य का सच सामने आता है, तो दर्द सिर्फ दिल में नहीं, आत्मसम्मान में भी महसूस होता है।

हर इंसान अपने जीवन में यह महसूस करना चाहता है कि उसकी कोई कीमत है। कि उसकी मौजूदगी किसी के लिए मायने रखती है। जब कोई प्यार से आँखों में देखकर कहता है, "तुम जैसा कोई नहीं", तो दिल उस बात को सिर्फ सुनता नहीं, उसे अपने अंदर बसा लेता है। वह सोचने लगता है कि शायद सच में उसकी जगह कोई और नहीं ले सकता। शायद उसकी अहमियत कुछ अलग है। शायद उसका रिश्ता बाकी सभी रिश्तों से अलग है।

धीरे-धीरे यह वाक्य उम्मीद बन जाता है। इंसान अपने सपनों में उस व्यक्ति को शामिल करने लगता है। वह भविष्य के बारे में सोचने लगता है। उसे लगता है कि अगर कोई उसे इतनी अहमियत देता है, तो शायद वह रिश्ता कभी नहीं टूटेगा। लेकिन कई बार शब्दों और सच्चाई के बीच बहुत लंबी दूरी होती है।

Psychology कहती है कि इंसान उन शब्दों पर सबसे जल्दी विश्वास करता है जिनकी उसे सबसे ज्यादा जरूरत होती है। जिसे हमेशा अनदेखा किया गया हो, उसे "तुम खास हो" जल्दी अच्छा लगता है। जिसे कभी सच्चा अपनापन नहीं

मिला हो, वह "तुम जैसा कोई नहीं" पर जल्दी यकीन कर लेता है। क्योंकि दिल वही सुनना चाहता है जिसकी उसे कमी होती है।

"कुछ शब्द दिल को इसलिए अच्छे लगते हैं, क्योंकि वे हमारी सबसे बड़ी कमी को कुछ देर के लिए भर देते हैं।"

शुरुआत में सब कुछ सच जैसा लगता है। सामने वाला हर समय आपके साथ रहना चाहता है। आपकी छोटी-छोटी बातों पर मुस्कुराता है। आपकी पसंद-नापसंद याद रखता है। आपको यह एहसास दिलाता है कि आप उसकी दुनिया में सबसे अलग हैं। और फिर एक दिन वह कहता है, "तुम जैसा कोई नहीं।"

उस पल आपको लगता है कि शायद आपने सही इंसान चुन लिया है।

लेकिन समय का एक अजीब स्वभाव होता है। वह लोगों की असलियत धीरे-धीरे सामने लाता है। वही इंसान जो कभी कहता था कि आपके जैसा कोई नहीं, एक दिन किसी और के साथ वही बातें करता दिखाई देता है। वही तारीफ़ें, वही वादे, वही एहसास... बस चेहरा बदल जाता है।

और तब इंसान को पहली बार एहसास होता है कि शायद वह खास नहीं था।

शायद वह सिर्फ उस समय की जरूरत था।

शायद वह सिर्फ एक पड़ाव था, मंजिल नहीं।

"सबसे ज्यादा दर्द तब होता है जब हमें पता चलता है कि हम किसी के लिए खास नहीं थे... हम सिर्फ उसकी कहानी का एक अध्याय थे।"

उसके बाद इंसान खुद को देखने लगता है। वह आईने में खड़ा होकर खुद से सवाल करता है। अगर मैं इतना खास था, तो मुझे इतनी आसानी से कैसे भुला दिया गया? अगर मेरे जैसा कोई नहीं था, तो मेरी जगह किसी और ने इतनी जल्दी कैसे ले ली?

यही वह पल होता है जहाँ दिल टूटने से ज्यादा आत्मसम्मान घायल होता है।

क्योंकि दर्द सिर्फ जाने का नहीं होता।

दर्द इस बात का होता है कि जिसने आपको सबसे अलग बताया था, वही आपको सबसे आसानी से बदल गया।

Psychology के अनुसार, जब कोई इंसान किसी को बहुत ज्यादा महत्व देता है और बदले में उसे छोड़ दिया जाता है, तो उसका दिमाग खुद को दोष देने लगता है। वह सोचता है कि शायद उसमें ही कोई कमी थी। शायद वह पर्याप्त अच्छा नहीं था। लेकिन सच्चाई यह होती है कि कई बार समस्या आपकी नहीं होती। समस्या उन शब्दों की होती है जो बिना सच्चाई के बोल दिए गए थे।

"झूठी तारीफ़ें कुछ समय के लिए मुस्कान देती हैं, लेकिन उनका सच उम्रभर का दर्द दे जाता है।"

धीरे-धीरे इंसान समझने लगता है कि खास होने का मतलब शब्दों से नहीं होता। अगर कोई सच में आपको खास मानता है, तो वह मुश्किल समय में भी आपकी कीमत समझता है। वह सिर्फ अच्छे दिनों में नहीं, बुरे दिनों में भी आपके साथ खड़ा रहता है। क्योंकि सच्ची अहमियत शब्दों से नहीं, व्यवहार से साबित होती है।

लेकिन जो लोग सिर्फ भावनाओं के लिए बड़े-बड़े शब्द इस्तेमाल करते हैं, वे अक्सर उन शब्दों की जिम्मेदारी नहीं समझते। उन्हें नहीं पता कि उनका एक वाक्य किसी के दिल में कितनी गहराई तक उतर सकता है। उन्हें नहीं पता कि उनके बोले हुए शब्द किसी की पूरी दुनिया बन सकते हैं।

और फिर जब वे चले जाते हैं, तो सिर्फ रिश्ता नहीं टूटता।

उन शब्दों पर किया गया भरोसा भी टूट जाता है।

"किसी का जाना उतना दर्द नहीं देता, जितना यह एहसास कि उसके शब्द कभी सच थे ही नहीं।"

समय बीत जाता है। लोग बदल जाते हैं। नई कहानियाँ शुरू हो जाती हैं। लेकिन कुछ वाक्य हमेशा दिल में रह जाते हैं। उनमें से एक होता है — "तुम जैसा कोई नहीं।"

क्योंकि एक समय था जब यह वाक्य खुशी देता था।

और आज यही वाक्य आँखों में आँसू ले आता है।

क्योंकि अब समझ आ चुका होता है कि अगर सच में हमारे जैसा कोई नहीं होता, तो हमारी जगह इतनी आसानी से कोई और नहीं ले पाता।

"कुछ लोग हमें छोड़कर नहीं जाते, वे हमारे अंदर यह सवाल छोड़ जाते हैं कि आखिर हम उनके लिए थे क्या?"

यही वजह है कि रिश्तों में शब्दों से ज्यादा कर्मों पर भरोसा करना चाहिए। क्योंकि शब्द बदल जाते हैं, लेकिन सच्चे व्यवहार की पहचान समय भी नहीं मिटा सकता।

निष्कर्ष

"तुम जैसा कोई नहीं" सुनने में बहुत सुंदर लगता है, लेकिन अगर इसके पीछे सच्चाई नहीं है, तो यह रिश्तों का एक बहुत दर्दनाक झूठ बन जाता है। क्योंकि यह किसी इंसान को यह यकीन दिला देता है कि उसकी जगह कोई नहीं ले सकता, और फिर एक दिन वही इंसान उसकी जगह किसी और को दे देता है।

इसलिए किसी की बातों से ज्यादा उसके व्यवहार को देखिए। क्योंकि जो सच में आपको खास मानता है, उसे बार-बार यह कहने की जरूरत नहीं पड़ती। दर्द इस बात का नहीं था कि तुम चले गए... दर्द इस बात का था कि जाते-जाते यह भी साबित कर गए कि मेरे जैसा बहुत कोई था।

"रिश्तों का सबसे कड़वा सच यही है कि कुछ लोग हमें खास महसूस कराते हैं, सिर्फ इसलिए ताकि हम उन्हें आम लोगों से अलग समझने लगें।"

8

मैं तुम्हें कभी Hurt नहीं करूँगा/करूँगी

रिश्तों में कुछ झूठ ऐसे होते हैं जो सुनने में बहुत खूबसूरत लगते हैं, लेकिन समय के साथ वही सबसे ज्यादा दर्द देने लगते हैं। "मैं तुम्हें कभी Hurt नहीं करूँगा/करूँगी" ऐसा ही एक झूठ है। जब कोई इंसान यह बात कहता है, तो सामने वाला उसे सिर्फ एक वाक्य की तरह नहीं सुनता। वह उसे अपने दिल की सुरक्षा मान लेता है। उसे लगता है कि अब उसकी जिंदगी में कोई ऐसा आ गया है जो उसे समझेगा, उसकी भावनाओं की कद्र करेगा और कभी उसकी आँखों में आँसू नहीं आने देगा। यही वजह है कि जब यह वादा टूटता है, तो दर्द सिर्फ दिल को नहीं होता, बल्कि उस भरोसे को भी होता है जो हमने किसी पर किया था।

जब कोई इंसान प्यार में पड़ता है, तो वह धीरे-धीरे अपने दिल के दरवाजे खोलने लगता है। वह अपनी कमजोरियाँ, अपने डर, अपने पुराने घाव और अपनी अधूरी कहानियाँ सामने वाले के सामने रख देता है। क्योंकि उसे लगता है कि यह इंसान बाकी लोगों जैसा नहीं है। उसे लगता है कि अब उसे खुद को बचाने की जरूरत नहीं है। अब कोई है जो उसे संभाल लेगा। और फिर एक दिन वही इंसान उसकी आँखों में देखकर कहता है, "मैं तुम्हें कभी Hurt नहीं करूँगा।" उस पल दिल पूरी तरह से उसके भरोसे के हवाले हो जाता है।

Psychology कहती है कि इंसान सबसे ज्यादा भावनात्मक चोट वहाँ खाता है जहाँ उसने सबसे ज्यादा भावनात्मक निवेश किया होता है। इसलिए किसी अजनबी की बात हमें उतना दर्द नहीं देती जितना किसी अपने की खामोशी दे

देती है। क्योंकि अजनबी से उम्मीद नहीं होती, लेकिन अपने से होती है। और जहाँ उम्मीद होती है, वहीं सबसे ज्यादा दर्द भी होता है।

"दर्द किसी की नफरत से नहीं होता, दर्द उस इंसान की बेरुखी से होता है जिससे हमने प्यार किया हो।"

शुरुआत में सब कुछ किसी खूबसूरत कहानी जैसा लगता है। सामने वाला आपकी हर बात समझता है, आपकी हर परेशानी में आपके साथ खड़ा रहता है और हर बार आपको यह एहसास दिलाता है कि अब आपको अकेले लड़ने की जरूरत नहीं है। जब भी आप अपने पुराने दर्द की बात करते हैं, वह प्यार से कहता है, **"अब मैं हूँ ना, मैं तुम्हें कभी Hurt नहीं करूँगा।"** और यही वह पल होता है जब दिल अपना सारा डर छोड़ देता है।

लेकिन समय के साथ चीजें बदलने लगती हैं। पहले जो इंसान आपकी उदासी देखकर परेशान हो जाता था, अब आपकी उदासी उसे दिखाई भी नहीं देती। पहले जो आपकी छोटी-सी परेशानी में घंटों आपके साथ बैठता था, अब आपके आँसुओं के लिए भी उसके पास समय नहीं होता। पहले जो आपकी मुस्कान की वजह बनना चाहता था, वही धीरे-धीरे आपकी खामोशी की वजह बनने लगता है।

सबसे दर्दनाक बात यह नहीं होती कि सामने वाला बदल गया। सबसे दर्दनाक बात यह होती है कि जिसने आपको दर्द से बचाने का वादा किया था, वही आज आपके दर्द की वजह बन गया है।

"कभी-कभी आँसू दर्द की वजह से नहीं निकलते, वे टूटे हुए भरोसे की वजह से निकलते हैं।"

धीरे-धीरे इंसान बदलने लगता है। वह पहले की तरह खुलकर हँस नहीं पाता। वह पहले की तरह किसी पर भरोसा नहीं कर पाता। वह हर बात सोच-समझकर कहने लगता है क्योंकि उसे डर होता है कि कहीं फिर से चोट न लग जाए। यही Emotional Trauma का सबसे बड़ा असर होता है। बाहर से सब कुछ सामान्य दिखाई देता है, लेकिन अंदर एक इंसान रोज़ थोड़ा-थोड़ा टूट रहा होता है।

Psychology में इसे **Betrayal Trauma** कहा जाता है। यह वह स्थिति होती है जब दर्द किसी ऐसे व्यक्ति से मिलता है जिस पर हमने सबसे ज्यादा भरोसा किया था। ऐसे समय में इंसान सिर्फ उस व्यक्ति से नहीं टूटता, वह खुद से भी

टूटने लगता है। उसे लगता है कि शायद उसकी समझ ही गलत थी। शायद उसने गलत इंसान को चुन लिया। शायद उसने बहुत ज्यादा भरोसा कर लिया।

लेकिन सच यह है कि भरोसा करना कभी गलती नहीं होती। गलती उस इंसान की होती है जिसने उस भरोसे को तोड़ दिया।

"कुछ लोग दिल नहीं तोड़ते, वे इंसान की मासूमियत तोड़ देते हैं। उसके बाद वह पहले जैसा नहीं रह पाता।"

समय गुजरता रहता है। दिन हफ्तों में और हफ्ते महीनों में बदल जाते हैं। लेकिन कुछ शब्द दिल में हमेशा रह जाते हैं। उनमें से एक होता है — **"मैं तुम्हें कभी Hurt नहीं करूँगा।"** क्योंकि जब यह वाक्य पहली बार सुना था, तब उसने सुकून दिया था। और जब इसका सच सामने आया, तब उसी वाक्य ने सबसे ज्यादा रुलाया था।

कई लोग सोचते हैं कि दर्द सिर्फ लड़ाई या धोखे से होता है। लेकिन सच्चाई यह है कि दर्द कई बार लापरवाही से भी होता है। दर्द कई बार उस बदलाव से भी होता है जो धीरे-धीरे आता है। दर्द कई बार उस एहसास से भी होता है कि अब आप पहले जैसे महत्वपूर्ण नहीं रहे। और जब यह सब उसी इंसान की वजह से होता है जिसने कभी आपको सुरक्षित महसूस कराया था, तब घाव और भी गहरे हो जाते हैं।

"सबसे लंबी रातें उन लोगों की होती हैं जो किसी ऐसे इंसान को याद कर रहे होते हैं जिसने कभी उन्हें रोने नहीं देने का वादा किया था।"

धीरे-धीरे इंसान समझने लगता है कि दुनिया में कोई भी इंसान ऐसा नहीं है जो कभी किसी को दर्द न दे। लेकिन फर्क यह है कि कुछ लोग आपकी भावनाओं की कद्र करते हैं और कुछ लोग आपके आँसुओं की वजह बनने के बाद भी बेफिक्र रहते हैं। यही अंतर सच्चे और झूठे रिश्तों को अलग करता है।

और शायद यही वजह है कि **"मैं तुम्हें कभी Hurt नहीं करूँगा/करूँगी"** रिश्तों का इतना दर्दनाक झूठ बन जाता है। क्योंकि यह वाक्य सिर्फ एक वादा नहीं होता, यह किसी इंसान के दिल को यह भरोसा दिलाता है कि अब उसे टूटने नहीं दिया जाएगा। और जब वही भरोसा टूटता है, तो दिल सिर्फ दुखी नहीं होता... वह बदल जाता है।

"दर्द इस बात का नहीं था कि तुमने मुझे रुलाया... दर्द इस बात का था कि तुमने वादा किया था कि कभी रुलाओगे नहीं।"

निष्कर्ष

"मैं तुम्हें कभी Hurt नहीं करूँगा/करूँगी" एक बहुत खूबसूरत वाक्य है, लेकिन अगर इसके पीछे सच्चाई न हो तो यही वाक्य किसी की जिंदगी का सबसे बड़ा दर्द बन सकता है। क्योंकि लोग दर्द को भूल जाते हैं, लेकिन टूटे हुए भरोसे को नहीं भूलते।

इसलिए रिश्तों में बड़े-बड़े वादे करने से पहले यह सोचना जरूरी है कि क्या हम उन्हें निभा पाएँगे। क्योंकि कई बार एक झूठा वादा किसी इंसान को उतना दर्द दे देता है जितना सच कभी नहीं दे सकता।

"और शायद रिश्तों का सबसे दुखद सच यही है कि सबसे ज्यादा दर्द वही इंसान देता है जिसने कभी सबसे ज्यादा सुकून दिया था।"

9

मैं तुम्हारी Feelings समझता/समझती हूँ

रिश्तों में कुछ झूठ ऐसे होते हैं जो सीधे दिल को नहीं तोड़ते, बल्कि धीरे-धीरे इंसान को अकेला महसूस करवाने लगते हैं। "मैं तुम्हारी Feelings समझता/समझती हूँ" ऐसा ही एक झूठ है। जब कोई इंसान यह बात कहता है, तो सामने वाला यह मान लेता है कि अब उसकी भावनाएँ सुरक्षित हैं। अब कोई ऐसा है जो उसके दर्द को बिना बताए समझ लेगा, उसकी खामोशी को पढ़ लेगा और उसके टूटने से पहले उसे संभाल लेगा। लेकिन कई बार सबसे ज्यादा अकेलापन तब महसूस होता है, जब कोई बार-बार यह कहता रहे कि वह आपको समझता है, जबकि असल में वह आपको समझने की कोशिश भी नहीं कर रहा होता।

हर इंसान की जिंदगी में कुछ ऐसे दर्द होते हैं जिन्हें शब्दों में बयां करना आसान नहीं होता। कुछ बातें ऐसी होती हैं जो सिर्फ महसूस की जा सकती हैं। जब हम किसी से प्यार करते हैं, तो हम उम्मीद करते हैं कि वह हमारी उन भावनाओं को भी समझेगा जिन्हें हम कह नहीं पाते। यही वजह है कि जब कोई प्यार से कहता है, "मैं तुम्हारी Feelings समझता हूँ," तो दिल को सुकून मिलता है। ऐसा लगता है कि अब हमें हर बात समझाने की जरूरत नहीं पड़ेगी। अब कोई है जो हमारी आँखों के पीछे छुपे आँसू भी देख लेगा।

मनोविज्ञान कहता है कि इंसान को सबसे ज्यादा खुशी तब मिलती है जब उसे महसूस होता है कि कोई उसे सच में समझता है। क्योंकि समझे जाने की भावना इंसान की सबसे गहरी भावनात्मक जरूरतों में से एक है। यही कारण है कि जब

कोई हमें यह एहसास दिलाता है कि वह हमें समझता है, तो हम उससे और गहराई से जुड़ने लगते हैं।

"प्यार की सबसे खूबसूरत शुरुआत तब होती है जब कोई हमें समझने की कोशिश करता है, और सबसे दर्दनाक अंत तब होता है जब वही इंसान हमें गलत समझने लगता है।"

शुरुआत में सब कुछ बहुत अच्छा लगता है। आप अपनी बातें बताते हैं, अपने डर बताते हैं, अपने सपने बताते हैं और सामने वाला हर बार कहता है, **"मैं समझ सकता हूँ कि तुम क्या महसूस कर रहे हो।"** धीरे-धीरे आप उस पर भरोसा करने लगते हैं। आप अपनी दुनिया उसके सामने खोल देते हैं। क्योंकि आपको लगता है कि अब आपको अकेले सब कुछ झेलने की जरूरत नहीं है।

लेकिन समय के साथ कई बार सच्चाई सामने आने लगती है। जब आप उदास होते हैं, तो वह आपकी उदासी को Overreaction कह देता है। जब आप किसी बात से दुखी होते हैं, तो वह कहता है कि **"तुम बेवजह सोच रहे हो।"** जब आप अपनी तकलीफ बताते हैं, तो वह आपकी भावनाओं को समझने के बजाय उन्हें गलत साबित करने लगता है।

और यहीं से इंसान को एहसास होने लगता है कि शायद उसे कभी समझा ही नहीं गया था।

क्योंकि किसी की Feelings समझने का मतलब सिर्फ यह कहना नहीं होता कि **"मैं समझता हूँ।"**

उसका मतलब होता है उसकी बात सुनना।

उसका मतलब होता है उसकी तकलीफ को महत्व देना।

उसका मतलब होता है उसे यह महसूस कराना कि उसकी भावनाएँ भी मायने रखती हैं।

"सबसे ज्यादा अकेलापन तब महसूस होता है जब हमारे पास कोई हो, लेकिन फिर भी वह हमें समझ न पाए।"

Psychology में एक शब्द होता है — **Emotional Validation**। इसका मतलब है किसी इंसान की भावनाओं को स्वीकार करना, उन्हें महत्व देना। जब यह नहीं मिलता, तो इंसान धीरे-धीरे खुद पर शक करने लगता है। उसे लगने

लगता है कि शायद उसकी भावनाएँ गलत हैं। शायद वह जरूरत से ज्यादा सोचता है। शायद उसकी तकलीफ उतनी बड़ी नहीं है जितनी उसे लग रही है।

यही कारण है कि कई लोग रिश्तों में होते हुए भी अंदर से बहुत अकेले होते हैं।

क्योंकि उन्हें प्यार तो मिलता है...

ध्यान भी मिलता है...

लेकिन समझा जाना नहीं मिलता।

और बिना समझे गए प्यार में हमेशा एक खालीपन रह जाता है।

धीरे-धीरे इंसान अपनी बातें बताना बंद कर देता है। वह अपनी उदासी छुपाने लगता है। वह अपने आँसू अकेले बहाने लगता है। क्योंकि उसे लगने लगता है कि सामने वाला वैसे भी नहीं समझेगा।

और जब किसी रिश्ते में इंसान अपनी भावनाएँ छुपाने लगे, तो समझ लेना चाहिए कि वहाँ कहीं न कहीं भावनात्मक दूरी पैदा हो चुकी है।

"कुछ रिश्ते लड़ाई से नहीं टूटते, वे तब टूटते हैं जब इंसान अपनी भावनाएँ बताना छोड़ देता है।"

सबसे दर्दनाक बात यह नहीं होती कि कोई हमें नहीं समझ पाया। सबसे दर्दनाक बात यह होती है कि किसी ने हमें यह विश्वास दिलाया कि वह हमें समझता है, और बाद में वही हमारी भावनाओं को सबसे ज्यादा नजरअंदाज करने लगा।

तब इंसान सिर्फ दुखी नहीं होता। वह खुद को अकेला महसूस करने लगता है। उसे लगता है कि उसकी बातों का कोई मूल्य नहीं है। उसकी भावनाओं का कोई महत्व नहीं है। और यही एहसास धीरे-धीरे उसके आत्मविश्वास को भी कमजोर करने लगता है।

कई लोग सोचते हैं कि रिश्तों में सबसे जरूरी चीज प्यार है। लेकिन सच्चाई यह है कि बिना समझे गए प्यार का भी एक समय बाद दम घुटने लगता है। क्योंकि इंसान सिर्फ प्यार नहीं चाहता, वह यह भी चाहता है कि कोई उसके दिल की आवाज सुने।

"हर रोने वाला इंसान आँसू नहीं दिखाता, कुछ लोग मुस्कुराते हुए भी अंदर से टूट रहे होते हैं।"

समय के साथ इंसान यह समझने लगता है कि किसी का बार-बार यह कहना कि "**मैं तुम्हारी Feelings समझता हूँ**" और सच में समझना, दोनों अलग बातें हैं। क्योंकि समझना शब्दों से नहीं, व्यवहार से साबित होता है। अगर कोई सच में आपकी भावनाएँ समझता है, तो वह उन्हें छोटा नहीं कहेगा, उनका मजाक नहीं बनाएगा और उन्हें नजरअंदाज नहीं करेगा।

वह आपकी खामोशी को भी सुनने की कोशिश करेगा।

आपकी मुस्कान के पीछे छुपे दर्द को भी पहचानने की कोशिश करेगा।

और यही सच्ची समझ होती है।

लेकिन जो लोग सिर्फ शब्दों में समझने का दावा करते हैं, वे अक्सर सबसे ज्यादा गलतफहमियाँ पैदा कर जाते हैं।

"दर्द तब नहीं होता जब कोई हमारी बात नहीं सुनता, दर्द तब होता है जब कोई सुनकर भी हमें समझने की कोशिश नहीं करता।"

शायद यही वजह है कि "**मैं तुम्हारी Feelings समझता/समझती हूँ**" रिश्तों का इतना दर्दनाक झूठ बन जाता है। क्योंकि यह इंसान को यह विश्वास दिलाता है कि वह अकेला नहीं है, जबकि सच्चाई में वह पहले से ज्यादा अकेला महसूस कर रहा होता है।

निष्कर्ष

"**मैं तुम्हारी Feelings समझता/समझती हूँ**" सुनने में एक बहुत सुंदर वाक्य है, लेकिन अगर इसके पीछे सच्ची समझ और संवेदनशीलता न हो, तो यही वाक्य किसी इंसान को सबसे ज्यादा अकेला महसूस करा सकता है।

रिश्तों में सिर्फ प्यार देना काफी नहीं होता। सामने वाले की भावनाओं को समझना, उन्हें स्वीकार करना और उनका सम्मान करना भी उतना ही जरूरी होता है। दर्द इस बात का नहीं था कि तुम मेरी Feelings नहीं समझ पाए... दर्द इस बात का था कि तुमने कहा था कि तुम समझते हो।"

"शायद दुनिया का सबसे अकेला इंसान वह नहीं होता जिसके पास कोई नहीं होता, बल्कि वह होता है जिसके पास कोई तो

होता है, लेकिन उसे समझने वाला कोई नहीं होता।"

10

मैं Busy था/थी

रिश्तों में कुछ झूठ ऐसे होते हैं जो इतने आम हो जाते हैं कि लोग उन्हें झूठ समझना ही छोड़ देते हैं। "मैं Busy था/थी" उन्हीं झूठों में से एक है। यह एक ऐसा वाक्य है जो आज के समय में शायद सबसे ज्यादा इस्तेमाल किया जाता है। कभी देर से Reply देने के लिए, कभी किसी की भावनाओं को नजरअंदाज करने के लिए और कभी धीरे-धीरे किसी रिश्ते से दूरी बनाने के लिए। सुनने में यह एक सामान्य बहाना लगता है, लेकिन कई बार इसके पीछे वह सच्चाई छुपी होती है जिसे सामने वाला स्वीकार नहीं करना चाहता।

जब कोई इंसान किसी से प्यार करता है, तो वह समय नहीं गिनता। उसे यह नहीं चाहिए होता कि कोई उसके साथ पूरे चौबीस घंटे रहे। उसे सिर्फ इतना चाहिए होता है कि जब वह सामने वाले को याद करे, तो उसे यह महसूस हो कि उसकी मौजूदगी अब भी किसी के लिए मायने रखती है। क्योंकि रिश्तों में समय की मात्रा नहीं, समय निकालने की नीयत सबसे ज्यादा महत्वपूर्ण होती है। लेकिन जब कोई बार-बार सिर्फ यही कहता रहे कि "मैं Busy था," तो धीरे-धीरे दिल के अंदर कुछ बदलने लगता है।

शुरुआत में इंसान समझता है। वह खुद को समझाता है कि हर किसी की जिंदगी में जिम्मेदारियाँ होती हैं। हर किसी के पास काम होता है। हर कोई हर समय उपलब्ध नहीं रह सकता। और यह बात सच भी है। लेकिन सच और बहाने के बीच की दूरी तब समझ आती है जब वही इंसान, जो आपके लिए Busy है, बाकी दुनिया के लिए Free दिखाई देता है।

Psychology कहती है कि इंसान हमेशा उन चीज़ों के लिए समय निकालता है जिन्हें वह अपने लिए महत्वपूर्ण मानता है। अगर कोई दिनभर सोशल मीडिया पर Active रह सकता है, दोस्तों के साथ घंटों बात कर सकता है, वीडियो देख सकता है, लेकिन आपके एक Message का जवाब देने के लिए उसके पास समय नहीं है, तो समस्या समय की नहीं होती। समस्या प्राथमिकता की होती है।

"कई बार लोग Busy नहीं होते, वे सिर्फ यह तय कर चुके होते हैं कि अब तुम उनकी Priority नहीं हो।"

धीरे-धीरे इंतजार शुरू होता है। पहले कुछ मिनटों का, फिर कुछ घंटों का और फिर पूरे दिन का। हर बार जब फोन की स्क्रीन जलती है, दिल उम्मीद करता है कि शायद उसका Message होगा। लेकिन हर बार उम्मीद थोड़ी और टूट जाती है। फिर अचानक देर रात एक छोटा-सा Message आता है — **"Sorry, Busy था।"**

और प्यार करने वाला इंसान उस एक लाइन में भी सुकून ढूँढने की कोशिश करता है। वह सोचता है कि कम से कम जवाब तो आया। कम से कम उसे याद तो रहा। लेकिन दिल के किसी कोने में एक सवाल हमेशा जिंदा रहता है — अगर वह सच में मुझे याद करता, तो क्या पूरे दिन में दो मिनट भी नहीं निकाल सकता था?

यही वह सवाल है जो धीरे-धीरे रिश्तों को अंदर से खोखला करना शुरू कर देता है।

क्योंकि दर्द जवाब देर से मिलने का नहीं होता।

दर्द यह महसूस करने का होता है कि अब कोई हमारे इंतजार को उतनी अहमियत नहीं देता जितनी पहले देता था।

"इंतजार हमेशा समय का नहीं होता, कई बार इंतजार उस अहमियत का होता है जो धीरे-धीरे खत्म हो रही होती है।"

शुरुआत में जो इंसान बिना वजह Call कर लिया करता था, अब जरूरी बातों के लिए भी समय नहीं निकाल पाता। जो कभी रातभर बातें करता था, अब दो मिनट की बातचीत भी बोझ लगने लगती है। और सबसे दुखद बात यह होती है कि बदलाव अचानक नहीं आता। वह धीरे-धीरे आता है। इतना धीरे कि इंसान उसे महसूस तो कर लेता है, लेकिन स्वीकार नहीं कर पाता।

Psychology में इसे **Emotional Withdrawal** कहा जाता है। यानी जब कोई व्यक्ति शारीरिक रूप से तो रिश्ते में मौजूद रहता है, लेकिन भावनात्मक रूप से धीरे-धीरे दूर होने लगता है। वह रिश्ता खत्म नहीं करता, लेकिन उसमें पहले जैसा निवेश भी नहीं करता। और यही स्थिति सबसे ज्यादा दर्द देती है, क्योंकि वहाँ न पूरी तरह साथ होता है और न पूरी तरह दूरी।

धीरे-धीरे इंसान खुद को बदलने लगता है। वह कम Message करता है। कम पूछता है। कम उम्मीद करता है। क्योंकि उसे डर होता है कि कहीं फिर वही जवाब न मिल जाए — **"मैं Busy था।"**

और यहीं से रिश्ते मरना शुरू करते हैं।

धोखे से नहीं।

झगड़ों से नहीं।

बल्कि उस खामोशी से जो दो लोगों के बीच बढ़ती जाती है।

"कुछ रिश्ते एक दिन में नहीं टूटते, वे हर उस दिन थोड़ा-थोड़ा टूटते हैं जब किसी के पास हमारे लिए समय नहीं होता।"

सबसे ज्यादा दर्द तब होता है जब इंसान को एहसास होता है कि सामने वाला झूठ नहीं बोल रहा, लेकिन पूरा सच भी नहीं बोल रहा। क्योंकि कई बार वह सच में Busy होता है। लेकिन उतना Busy नहीं होता कि एक छोटा-सा Message भी न कर सके। उतना Busy नहीं होता कि यह बता न सके कि वह ठीक है। उतना Busy नहीं होता कि किसी को यह महसूस न करा सके कि उसकी अहमियत अब भी बाकी है।

यहीं पर रिश्तों की सबसे बड़ी सच्चाई छुपी होती है।

समय हमेशा मिलता नहीं है। समय निकाला जाता है। और जब कोई आपके लिHeading 3ए समय निकालना बंद कर देता है, तो समझ लेना चाहिए कि उसके दिल में कुछ बदल रहा है।

"जब किसी की जिंदगी में हमारी जगह कम होने लगती है, तो सबसे पहले उसका समय हमसे दूर हो जाता है।"

फिर एक दिन इंसान थक जाता है। वह इंतजार करना छोड़ देता है। वह हर Notification पर मुस्कुराना छोड़ देता है। वह हर देर से आए हुए Message के

लिए बहाने बनाना छोड़ देता है। क्योंकि उसे समझ आ चुका होता है कि कुछ दूरियाँ किलोमीटरों से नहीं बनतीं, कुछ दूरियाँ सिर्फ एक शब्द से बन जाती हैं — "Busy."

और शायद यही कारण है कि यह इतना छोटा वाक्य होते हुए भी इतना दर्द देता है।

क्योंकि कई बार "**मैं Busy था**" का मतलब काम में व्यस्त होना नहीं होता।

कई बार इसका मतलब होता है — "**मेरे पास बाकी सबके लिए समय था, बस तुम्हारे लिए नहीं।**"

"**जिस इंसान के पास कभी हमारी मुस्कान के लिए पूरी रात थी, एक दिन उसके पास हमारे आँसुओं के लिए दो मिनट भी नहीं बचे।**"

निष्कर्ष

"मैं Busy था/थी" हमेशा झूठ नहीं होता, लेकिन जब इसे किसी की भावनाओं से बचने, दूरी छुपाने और रिश्ते की जिम्मेदारी से भागने के लिए इस्तेमाल किया जाए, तब यह रिश्तों का एक दर्दनाक झूठ बन जाता है।

क्योंकि प्यार में इंसान समय नहीं मांगता, वह सिर्फ यह महसूस करना चाहता है कि उसकी जगह अब भी किसी की जिंदगी में बाकी है। दर्द इस बात का नहीं था कि तुम Busy थे... दर्द इस बात का था कि तुम्हारी व्यस्तता में मेरे लिए जगह नहीं बची थी।

"शायद रिश्तों का सबसे खामोश अंत वहीं से शुरू होता है, जहाँ एक इंसान इंतजार करता रह जाता है और दूसरा सिर्फ Busy होता जाता है।"

11

नेट नहीं चल रहा था

रिश्तों में कुछ झूठ इतने आम हो चुके हैं कि लोग उन्हें झूठ समझना ही छोड़ चुके हैं। **"नेट नहीं चल रहा था"** ऐसा ही एक झूठ है। सुनने में यह एक बहुत छोटी-सी बात लगती है। आखिर इंटरनेट कभी भी चला जा सकता है, नेटवर्क की समस्या किसी के साथ भी हो सकती है। लेकिन जब यही बहाना बार-बार इस्तेमाल होने लगे, तब यह सिर्फ नेटवर्क की समस्या नहीं रह जाती, यह रिश्ते में बदलती हुई प्राथमिकताओं का संकेत बन जाती है।

आज की दुनिया में लोग एक-दूसरे से पहले से ज्यादा जुड़े हुए दिखाई देते हैं, लेकिन सच यह है कि भावनात्मक दूरी पहले से कहीं ज्यादा बढ़ चुकी है। पहले लोग दिनों तक चिट्ठियों का इंतजार करते थे, लेकिन तब भी रिश्ते मजबूत रहते थे। आज किसी का Last Seen, Online Status और Story Update सब दिखाई देता है, फिर भी लोग कहते हैं — **"नेट नहीं चल रहा था।"**

जब कोई इंसान किसी से प्यार करता है, तो वह सिर्फ बातों का इंतजार नहीं करता। वह उस एहसास का इंतजार करता है कि सामने वाला उसे याद करता है। लेकिन जब घंटों इंतजार करने के बाद सिर्फ एक Message आता है — **"Sorry, नेट नहीं चल रहा था,"** तो दिल उस जवाब को स्वीकार तो कर लेता है, लेकिन उसके अंदर कहीं न कहीं एक सवाल जरूर पैदा होता है।

अगर नेट नहीं चल रहा था...

- तो Story कैसे Upload हुई?
- Status कैसे बदला?

- बाकी लोगों से बात कैसे हुई?

और सबसे बड़ा सवाल... सिर्फ मेरे Message का जवाब ही क्यों नहीं आ पाया?

"कई बार दर्द झूठ से नहीं होता, दर्द तब होता है जब झूठ इतना कमजोर हो कि उसमें सच्चाई छुप ही न पाए।"

शुरुआत में इंसान खुद को समझाता है। वह सोचता है कि शायद सच में नेटवर्क की समस्या होगी। शायद सामने वाला किसी ऐसी जगह होगा जहाँ इंटरनेट नहीं चलता होगा। क्योंकि प्यार में इंसान सबसे पहले बहाने ढूँढता है, सच्चाई नहीं। वह उस व्यक्ति को गलत साबित करने से पहले खुद को गलत साबित करना पसंद करता है।

Psychology में इसे **Emotional Rationalization** कहा जाता है। जब हम किसी ऐसे व्यक्ति के व्यवहार को सही ठहराने की कोशिश करते हैं जिससे हम भावनात्मक रूप से जुड़े होते हैं। हम उन बातों के लिए भी तर्क ढूँढ लेते हैं जिनका कोई तर्क नहीं होता। क्योंकि सच्चाई स्वीकार करने से ज्यादा आसान बहानों पर विश्वास करना लगता है।

लेकिन समय के साथ बहाने दोहराए जाने लगते हैं।

हर बार वही बात। हर बार वही जवाब। हर बार वही दूरी।

और हर बार वही वाक्य — **"नेट नहीं चल रहा था।"**

धीरे-धीरे इंसान को महसूस होने लगता है कि समस्या नेटवर्क में नहीं है। समस्या जुड़ाव में है। समस्या इंटरनेट की नहीं, इरादे की है। क्योंकि जो इंसान सच में किसी की परवाह करता है, वह रास्ता ढूँढता है। और जो परवाह करना छोड़ देता है, वह बहाने ढूँढता है।

"जहाँ चाहत बची होती है, वहाँ Signal कमजोर हो सकते हैं, लेकिन रिश्ते नहीं।"

सबसे ज्यादा दर्द तब होता है जब आप सामने वाले की हर बात पर विश्वास करना चाहते हैं, लेकिन उसके व्यवहार आपको कुछ और ही बता रहे होते हैं। आपका दिल अब भी उसे बचाने की कोशिश करता है, लेकिन आपकी आँखें धीरे-धीरे सच्चाई देखने लगती हैं।

आप देखते हैं कि वह Online आता है। आप देखते हैं कि उसकी Activities जारी हैं।

आप देखते हैं कि दुनिया से उसका Connection बना हुआ है। बस आपसे उसका Connection कमजोर हो गया है।

और यही एहसास सबसे ज्यादा चोट पहुँचाता है।

क्योंकि किसी का दूर हो जाना उतना दर्द नहीं देता, जितना यह समझ आना कि वह दूर जाना चुन रहा है।

"सबसे दर्दनाक खामोशी वह नहीं होती जहाँ नेटवर्क न हो, सबसे दर्दनाक खामोशी वह होती है जहाँ इच्छा न हो।"

धीरे-धीरे इंसान इंतजार करना सीख जाता है। पहले वह हर पाँच मिनट में फोन देखता था। फिर हर घंटे। फिर दिन में कुछ बार। और फिर एक समय ऐसा आता है जब वह फोन देखना ही छोड़ देता है। क्योंकि उम्मीद बार-बार टूटते-टूटते थक जाती है।

यही रिश्तों की सबसे दुखद प्रक्रिया होती है।

रिश्ते अचानक नहीं मरते।

वे धीरे-धीरे दम तोड़ते हैं।

हर अधूरे जवाब के साथ।

हर टूटे हुए वादे के साथ।

हर झूठे बहाने के साथ।

और कई बार उनकी मौत का कारण सिर्फ एक छोटा-सा वाक्य बन जाता है — "नेट नहीं चल रहा था।"

Psychology बताती है कि इंसान को सबसे ज्यादा दर्द तब होता है जब उसके साथ सीधा झूठ नहीं बोला जाता, बल्कि उसे आधा सच बताया जाता है। क्योंकि आधा सच उम्मीद को जिंदा रखता है। और जब उम्मीद जिंदा रहती है, तो इंसान आगे नहीं बढ़ पाता। यही वजह है कि कुछ लोग महीनों तक किसी के बदल जाने को स्वीकार नहीं कर पाते। क्योंकि उन्हें कभी साफ-साफ यह नहीं बताया गया कि बात खत्म हो चुकी है। उन्हें सिर्फ बहाने दिए गए। और बहाने हमेशा उम्मीद को जिंदा रखते हैं।

"झूठा प्यार हमेशा अलविदा नहीं कहता, कभी-कभी वह सिर्फ बहाने देने लगता है।"

समय के साथ इंसान समझ जाता है कि इंटरनेट की समस्या कुछ मिनटों के लिए हो सकती है, कुछ घंटों के लिए हो सकती है। लेकिन अगर किसी के पास लगातार आपके लिए समय नहीं है, लगातार आपके लिए जवाब नहीं है, लगातार आपके लिए बहाने हैं, तो समस्या नेटवर्क की नहीं है। समस्या यह है कि अब उसकी दुनिया में आपकी जगह पहले जैसी नहीं रही। और यह सच किसी भी बहाने से ज्यादा दर्द देता है। क्योंकि टूटे हुए नेटवर्क फिर जुड़ सकते हैं। लेकिन टूटे हुए रिश्ते हमेशा नहीं जुड़ते।

"कुछ लोग कहते रहे कि नेट नहीं चल रहा था... और हमें बहुत देर बाद समझ आया कि असल में रिश्ता नहीं चल रहा था।"

निष्कर्ष

"नेट नहीं चल रहा था" सुनने में एक साधारण बहाना लग सकता है, लेकिन जब इसका इस्तेमाल किसी की भावनाओं से बचने, दूरी छुपाने और जिम्मेदारी से भागने के लिए किया जाए, तब यह रिश्तों का एक दर्दनाक झूठ बन जाता है।

क्योंकि सच्चे रिश्तों में लोग रास्ते ढूँढते हैं, बहाने नहीं। और जहाँ चाहत होती है, वहाँ एक छोटा-सा Message भेजने का समय भी मिल जाता है। दर्द नेटवर्क के चले जाने का नहीं था... दर्द इस बात का था कि तुम्हारी दुनिया में मेरे लिए Connection ही कमजोर पड़ गया था।

"शायद रिश्तों का सबसे दुखद सच यह है कि लोग पहले जवाब देना बंद करते हैं, फिर परवाह करना... और अंत में सिर्फ बहाने छोड़ जाते हैं।"

12

तुम बेवजह Overthink करते हो

रिश्तों में कुछ झूठ ऐसे होते हैं जो सीधे दिल को नहीं तोड़ते, बल्कि धीरे-धीरे इंसान को खुद से दूर कर देते हैं। "तुम बेवजह Overthink करते हो" ऐसा ही एक झूठ है। जब कोई इंसान बार-बार अपनी भावनाएँ, अपने डर और अपनी परेशानियाँ सामने रखता है और हर बार उसे यही सुनने को मिलता है कि "तुम जरूरत से ज्यादा सोचते हो," तो एक समय के बाद वह अपनी ही भावनाओं पर भरोसा करना छोड़ देता है। उसे लगने लगता है कि शायद सच में समस्या उसी की है। शायद वह ही हर बात को बड़ा बना देता है। शायद वह ही गलत सोच रहा है। लेकिन कई बार सच्चाई यह नहीं होती कि इंसान ज्यादा सोच रहा है, बल्कि सच्चाई यह होती है कि उसका दिल उन बदलावों को महसूस कर रहा होता है जिन्हें सामने वाला स्वीकार नहीं करना चाहता।

जब रिश्ता नया होता है, तब सब कुछ बहुत खूबसूरत लगता है। घंटों बातें होती हैं। छोटी-छोटी बातों का ध्यान रखा जाता है। सामने वाला आपकी आवाज़ से आपकी उदासी पहचान लेता है। आपकी खामोशी भी उसे बेचैन कर देती है। लेकिन धीरे-धीरे समय बदलने लगता है। बातें कम होने लगती हैं। जवाब देर से आने लगते हैं। पहले जो इंसान आपकी एक Notification का इंतजार करता था, अब वही आपके लंबे Message का जवाब घंटों बाद देता है। और जब आप उससे पूछते हैं कि सब ठीक है ना, तो वह मुस्कुराकर कहता है — "तुम बेवजह Overthink करते हो।"

उस पल शायद आप चुप हो जाते हैं। आप खुद को समझाते हैं कि हाँ, शायद मैं ही ज्यादा सोच रहा हूँ। शायद सच में सब ठीक होगा। क्योंकि प्यार में इंसान सबसे पहले सामने वाले को नहीं, खुद को गलत साबित करता है। वह अपने दिल की आवाज़ को दबा देता है ताकि रिश्ता बचा रहे। लेकिन दिल अजीब चीज़ है। वह उन बदलावों को महसूस कर लेता है जिन्हें शब्दों में समझाना मुश्किल होता है।

"कई बार दिल सच बोल रहा होता है, लेकिन हम उसे Overthinking समझकर चुप करा देते हैं।"

Psychology में एक शब्द है — **Gaslighting**। यह वह स्थिति होती है जब किसी इंसान को बार-बार यह महसूस कराया जाता है कि उसकी भावनाएँ गलत हैं, उसकी समझ गलत है और उसकी चिंताएँ बेवजह हैं। धीरे-धीरे वह अपने ही अनुभवों पर शक करने लगता है। उसे लगता है कि शायद वह जरूरत से ज्यादा संवेदनशील है। शायद उसे इतना महसूस नहीं करना चाहिए। और यही इस झूठ की सबसे खतरनाक बात है। यह सिर्फ रिश्ते को नहीं, इंसान के आत्मविश्वास को भी कमजोर कर देता है।

धीरे-धीरे वह अपनी बातें बताना बंद कर देता है। वह अपने डर छुपाने लगता है। क्योंकि उसे पता होता है कि सामने वाला फिर वही कहेगा — "तुम बेवजह सोचते हो।" लेकिन सच यह है कि हर चिंता Overthinking नहीं होती। कई बार चिंता इसलिए होती है क्योंकि सामने वाला सच में बदल रहा होता है। कई बार डर इसलिए होता है क्योंकि रिश्ता सच में कमजोर हो रहा होता है। और कई बार दिल इसलिए बेचैन होता है क्योंकि उसे वह महसूस हो रहा होता है जिसे सामने वाला छुपा रहा होता है।

एक समय ऐसा आता है जब इंसान अपने ही दिल के खिलाफ खड़ा हो जाता है। उसका दिल कहता है कि कुछ गलत है, लेकिन उसका दिमाग सामने वाले की बातों पर विश्वास करता है। वह खुद को बार-बार समझाता है कि नहीं, सब ठीक है। लेकिन अंदर कहीं न कहीं एक खालीपन बढ़ता जाता है।

"सबसे दर्दनाक लड़ाई वह होती है जब दिल सच्चाई बता रहा हो और दिमाग उसे झूठ साबित करने में लगा हो।"

फिर एक दिन वही होता है जिससे वह डर रहा था। वही दूरी सच बन जाती है। वही बदलाव सामने आ जाता है। वही इंसान दूर हो जाता है। और तब उसे एहसास होता है कि वह गलत नहीं था। उसकी भावनाएँ गलत नहीं थीं। उसका डर गलत नहीं था। वह सिर्फ उन संकेतों को महसूस कर रहा था जिन्हें सामने वाला छुपा रहा था।

उस दिन दर्द सिर्फ रिश्ता टूटने का नहीं होता। दर्द इस बात का होता है कि उसने अपने दिल की बात पर भरोसा नहीं किया। उसने अपनी भावनाओं को बार-बार दबाया सिर्फ इसलिए क्योंकि कोई उसे समझाने की कोशिश कर रहा था कि वह Overthink कर रहा है।

Psychology कहती है कि इंसान का दिमाग खतरे को महसूस करने के लिए बना है। जब किसी रिश्ते में अचानक बदलाव आते हैं, तो हमारा मन उन्हें महसूस कर लेता है। इसलिए हर चिंता बेवजह नहीं होती। हर सवाल शक नहीं होता। और हर डर Overthinking नहीं होता। कई बार वह सिर्फ प्यार होता है जो किसी को खोने से डर रहा होता है।

"जिसे दुनिया Overthinking कहती है, कई बार वह दिल की आखिरी चेतावनी होती है।"

धीरे-धीरे इंसान समझने लगता है कि जो व्यक्ति सच में आपसे प्यार करता है, वह आपकी भावनाओं को छोटा नहीं करेगा। वह यह नहीं कहेगा कि तुम बेवजह सोच रहे हो। वह आपकी बात सुनेगा। वह समझने की कोशिश करेगा कि आखिर आपको तकलीफ क्यों हो रही है। क्योंकि प्यार सिर्फ साथ रहने का नाम नहीं है, प्यार सामने वाले की भावनाओं को सम्मान देने का नाम भी है।

लेकिन जो लोग हर भावना को Overthinking कहकर टाल देते हैं, वे अक्सर यह नहीं समझते कि एक दिन वही इंसान अपनी भावनाएँ बताना बंद कर देगा। और जब कोई इंसान अपनी भावनाएँ बताना बंद कर देता है, तो रिश्ता धीरे-धीरे अंदर से मरने लगता है।

"कुछ रिश्ते इसलिए खत्म नहीं होते क्योंकि प्यार खत्म हो जाता है, वे इसलिए खत्म होते हैं क्योंकि एक इंसान समझाना छोड़ देता है और दूसरा समझना।"

शायद यही वजह है कि "तुम बेवजह Overthink करते हो" इतना दर्दनाक झूठ बन जाता है। क्योंकि यह सिर्फ एक वाक्य नहीं होता, यह किसी इंसान को उसकी ही भावनाओं के खिलाफ खड़ा कर देता है। और जब कोई अपने ही दिल पर भरोसा करना छोड़ दे, तो वह सिर्फ रिश्ता नहीं खोता... वह खुद का एक हिस्सा भी खो देता है।

निष्कर्ष

"तुम बेवजह Overthink करते हो" हमेशा झूठ नहीं होता, लेकिन जब इसका इस्तेमाल किसी की भावनाओं को नजरअंदाज करने, उसके डर को छोटा दिखाने और अपनी जिम्मेदारी से बचने के लिए किया जाए, तब यह रिश्तों का एक बहुत दर्दनाक झूठ बन जाता है।

क्योंकि हर सवाल शक नहीं होता। हर चिंता कमजोरी नहीं होती। और हर Overthinking के पीछे सिर्फ डर नहीं, कभी-कभी सच्चाई भी छुपी होती है। दर्द इस बात का नहीं था कि तुमने मुझे Overthinker कहा... दर्द इस बात का था कि मेरी हर भावना तुम्हें बेवजह लगती रही।"

"शायद रिश्तों का सबसे दुखद सच यही है कि कई बार जिसे Overthinking कहा जाता है, वही बाद में सबसे बड़ा सच बनकर सामने आता है।"

13

तुम्हें गलतफहमी हुई है

रिश्तों में कुछ झूठ ऐसे होते हैं जो सीधे दिल नहीं तोड़ते, बल्कि धीरे-धीरे इंसान को खुद से दूर कर देते हैं। "तुम्हें गलतफहमी हुई है" ऐसा ही एक झूठ है। जब कोई इंसान किसी बदलाव को महसूस करता है, किसी दूरी को महसूस करता है या किसी अनकहे सच को अपने दिल में महसूस करता है, तो वह सबसे पहले उसी इंसान के पास जाता है जिस पर उसे सबसे ज्यादा भरोसा होता है। वह उम्मीद करता है कि उसे सच्चाई मिलेगी, उसे समझाया जाएगा, उसकी बात सुनी जाएगी। लेकिन जब हर सवाल के जवाब में सिर्फ यही सुनने को मिले कि "तुम्हें गलतफहमी हुई है," तो धीरे-धीरे वह अपनी ही भावनाओं पर भरोसा करना छोड़ देता है।

शुरुआत में सब कुछ बहुत सुंदर होता है। बातें होती हैं, परवाह होती है, समय होता है और वह एहसास होता है कि कोई हमें समझता है। लेकिन समय के साथ कुछ चीजें बदलने लगती हैं। पहले जो इंसान हर बात साझा करता था, अब कुछ बातें छुपाने लगता है। पहले जो हर छोटी बात पर ध्यान देता था, अब वही कई बातों को नजरअंदाज करने लगता है। पहले जो आपकी खामोशी को पढ़ लेता था, अब आपके आँसू भी नहीं देख पाता। और जब आप उससे पूछते हैं कि क्या सब पहले जैसा है, तो वह मुस्कुराकर कहता है — "तुम्हें गलतफहमी हुई है।"

उस पल शायद आप उसकी बात मान लेते हैं। क्योंकि प्यार में इंसान अपने दिल की आवाज़ से ज्यादा उस इंसान के शब्दों पर भरोसा करता है जिससे वह प्यार करता है। वह खुद को समझाता है कि शायद मैं ही ज्यादा सोच रहा हूँ। शायद सच में सब ठीक है। शायद मेरा डर बेवजह है। लेकिन दिल के अंदर जो बेचैनी होती है, वह खत्म नहीं होती। क्योंकि दिल उन चीज़ों को महसूस कर लेता है जिन्हें

शब्दों में समझाना आसान नहीं होता।

"कुछ सच्चाइयाँ आँखों से नहीं दिखतीं, वे सिर्फ दिल को महसूस होती हैं।"

Psychology कहती है कि जब किसी रिश्ते में भावनात्मक दूरी आने लगती है, तो हमारा मन सबसे पहले उसे महसूस करता है। इसलिए कई बार हमें बिना किसी सबूत के भी लगता है कि कुछ बदल रहा है। लेकिन जब सामने वाला बार-बार हमारी भावनाओं को गलतफहमी कहकर टाल देता है, तो हम अपने ही मन पर शक करने लगते हैं। हमें लगने लगता है कि शायद हमारी सोच गलत है। शायद हमारी भावनाएँ गलत हैं। शायद हम ही जरूरत से ज्यादा महसूस करते हैं।

यही इस झूठ की सबसे बड़ी ताकत होती है।

यह सिर्फ सच नहीं छुपाता।

यह इंसान को उसकी अपनी भावनाओं से दूर कर देता है।

धीरे-धीरे वह सवाल पूछना छोड़ देता है।

वह अपनी तकलीफ बताना छोड़ देता है।

वह अपनी बेचैनी को अपने अंदर दबाना सीख जाता है।

क्योंकि उसे पता होता है कि सामने से फिर वही जवाब मिलेगा — "तुम्हें गलतफहमी हुई है।"

"सबसे दर्दनाक खामोशी वह नहीं होती जब कोई जवाब न दे, सबसे दर्दनाक खामोशी वह होती है जब हमारी भावनाओं को ही गलत साबित कर दिया जाए।"

समय बीतता जाता है। इंसान हर बार खुद को समझाता रहता है। हर बार अपने दिल को चुप कराता रहता है। लेकिन सच की एक आदत होती है — वह ज्यादा समय तक छुपा नहीं रहता। एक दिन वही बातें सच बनकर सामने आ जाती हैं जिन्हें इतने समय तक गलतफहमी कहा गया था। वही दूरी सच निकलती है। वही बदलाव सच निकलता है। वही डर सच निकलता है।

और उस दिन इंसान को सिर्फ यह दर्द नहीं होता कि उसके साथ झूठ बोला गया।

उसे यह दर्द भी होता है कि उसने अपने ही दिल की बात नहीं सुनी।

उसे याद आते हैं वे सारे पल जब उसका मन उसे चेतावनी दे रहा था।

उसे याद आते हैं वे सारे पल जब वह कुछ महसूस कर रहा था।

लेकिन उसने हर बार खुद को ही गलत साबित कर दिया।

"सबसे बड़ी हार तब नहीं होती जब कोई हमें छोड़ देता है, सबसे बड़ी हार तब होती है जब हम अपने ही दिल पर भरोसा करना छोड़ देते हैं।"

Psychology में इसे Emotional Self-Doubt कहा जाता है। जब किसी इंसान को बार-बार यह महसूस कराया जाए कि उसकी भावनाएँ गलत हैं, तो वह धीरे-धीरे खुद पर विश्वास खोने लगता है। उसे हर बात में डर लगने लगता है। उसे हर फैसले में किसी और की मंजूरी चाहिए होती है। क्योंकि उसने अपनी ही भावनाओं पर भरोसा करना छोड़ दिया होता है।

यही कारण है कि सच्चे रिश्तों में सिर्फ प्यार काफी नहीं होता।

वहाँ ईमानदारी भी जरूरी होती है।

वहाँ सामने वाले की भावनाओं का सम्मान भी जरूरी होता है।

क्योंकि हर सवाल शक नहीं होता।

हर डर कमजोरी नहीं होता।

और हर बेचैनी गलतफहमी नहीं होती।

कई बार वह सिर्फ दिल की आखिरी चेतावनी होती है।

"दिल कभी-कभी उन सच्चाइयों को महसूस कर लेता है जिन्हें सामने वाला छुपाने की पूरी कोशिश कर रहा होता है।"

धीरे-धीरे इंसान समझने लगता है कि जो व्यक्ति सच में आपसे प्यार करता है, वह आपकी भावनाओं को गलतफहमी नहीं कहेगा। वह आपकी बात सुनेगा। वह आपकी चिंता को समझेगा। वह आपको यह महसूस नहीं होने देगा कि आपकी भावनाएँ महत्वहीन हैं। क्योंकि प्यार का मतलब सिर्फ साथ रहना नहीं होता, प्यार का मतलब यह भी होता है कि जब सामने वाला कुछ महसूस कर रहा हो, तो उसकी

बात को महत्व दिया जाए।

लेकिन जो लोग हर एहसास को गलतफहमी कहकर टाल देते हैं, वे अक्सर यह भूल जाते हैं कि एक दिन वही इंसान अपनी भावनाएँ बताना बंद कर देगा। और जिस दिन कोई इंसान अपनी भावनाएँ बताना छोड़ देता है, उस दिन रिश्ता भी धीरे-धीरे अंदर से टूटने लगता है।

"कुछ रिश्ते धोखे से नहीं टूटते, वे तब टूटते हैं जब एक इंसान महसूस करता रहता है और दूसरा उसकी भावनाओं को गलतफहमी कहता रहता है।"

शायद यही वजह है कि **"तुम्हें गलतफहमी हुई है"** रिश्तों का इतना दर्दनाक झूठ बन जाता है। क्योंकि यह सिर्फ एक वाक्य नहीं होता। यह किसी इंसान को उसकी अपनी सच्चाई से दूर कर देता है। और जब इंसान अपने ही दिल पर भरोसा करना छोड़ दे, तो वह सिर्फ एक रिश्ता नहीं खोता... वह खुद का एक हिस्सा भी खो देता है।

निष्कर्ष

"तुम्हें गलतफहमी हुई है" हमेशा झूठ नहीं होता, लेकिन जब इसका इस्तेमाल सच छुपाने, जिम्मेदारी से बचने और किसी की भावनाओं को कमजोर साबित करने के लिए किया जाए, तब यह रिश्तों का एक बहुत दर्दनाक झूठ बन जाता है।

क्योंकि हर एहसास गलतफहमी नहीं होता। हर सवाल शक नहीं होता। और हर बेचैनी बेवजह नहीं होती। दर्द इस बात का नहीं था कि तुम बदल गए... दर्द इस बात का था कि तुमने मुझे यह यकीन दिला दिया कि मेरा दिल ही गलत था।

"शायद रिश्तों की सबसे दुखद हार वह होती है, जब इंसान दूसरों पर नहीं, अपने ही दिल पर भरोसा करना छोड़ देता है।"

14

मैं तुम्हें कभी नहीं छोड़ूँगा/छोड़ूँगी

रिश्तों में शायद ही कोई ऐसा वाक्य हो जो सुनने में इतना खूबसूरत और टूटने पर इतना दर्दनाक हो जितना "**मैं तुम्हें कभी नहीं छोड़ूँगा/छोड़ूँगी**"। जब कोई इंसान यह बात कहता है, तो वह सिर्फ एक वादा नहीं करता, बल्कि सामने वाले के दिल में एक सुरक्षित जगह बना लेता है। वह उसे यह विश्वास दिलाता है कि चाहे दुनिया बदल जाए, चाहे परिस्थितियाँ बदल जाएँ, चाहे कितनी भी मुश्किलें आ जाएँ, लेकिन वह इंसान नहीं बदलेगा। और शायद यही कारण है कि जब यह वादा टूटता है, तो सिर्फ रिश्ता नहीं टूटता, इंसान के अंदर का भरोसा भी टूट जाता है।

हर इंसान की जिंदगी में एक डर होता है — खो देने का डर। किसी अपने को खो देने का, किसी ऐसे इंसान को खो देने का जो उसकी आदत बन चुका हो। जब कोई प्यार से कहता है, "**मैं तुम्हें कभी नहीं छोड़ूँगा,**" तो यह डर कुछ समय के लिए शांत हो जाता है। दिल को लगता है कि अब उसे अकेले नहीं चलना पड़ेगा। अब कोई है जो हर हाल में साथ रहेगा। धीरे-धीरे इंसान अपने सपनों में उस व्यक्ति को शामिल कर लेता है। वह भविष्य की कल्पना करने लगता है। वह अपनी दुनिया को उस वादे के आधार पर सजाने लगता है।

Psychology कहती है कि इंसान उन लोगों के साथ सबसे ज्यादा भावनात्मक रूप से जुड़ जाता है जो उसे सुरक्षा का एहसास कराते हैं। Emotional Security किसी भी रिश्ते की सबसे मजबूत नींव होती है। जब कोई व्यक्ति हमें यह महसूस

कराता है कि वह हमेशा साथ रहेगा, तो हमारा मन उसके साथ गहराई से जुड़ने लगता है। हम अपने डर, अपनी कमजोरियाँ और अपने अधूरे हिस्से उसके सामने खोल देते हैं। क्योंकि हमें लगता है कि अब वह कभी हमें अकेला नहीं छोड़ेगा।

"सबसे गहरे रिश्ते प्यार से नहीं बनते, वे उस भरोसे से बनते हैं कि यह इंसान हमें छोड़कर नहीं जाएगा।"

शुरुआत में सब कुछ किसी खूबसूरत कहानी जैसा लगता है। देर रात की बातें, भविष्य के सपने, साथ जीने-मरने के वादे और हर बात में एक-दूसरे का जिक्र। हर बार जब डर लगता है, सामने वाला कहता है — **"डरो मत, मैं हूँ ना... मैं तुम्हें कभी नहीं छोड़ूँगा।"** और हर बार दिल थोड़ा और भरोसा कर लेता है। हर बार वह अपनी दीवारें थोड़ा और गिरा देता है। हर बार वह अपने आप को थोड़ा और उस इंसान के हवाले कर देता है। लेकिन समय हमेशा एक जैसा नहीं रहता। धीरे-धीरे परिस्थितियाँ बदलने लगती हैं। लोगों की प्राथमिकताएँ बदलने लगती हैं। जो इंसान कभी हर छोटी बात पर साथ खड़ा रहता था, वह अब धीरे-धीरे दूर होने लगता है। पहले बातें कम होती हैं, फिर परवाह कम होती है, फिर कोशिशें कम होती हैं। और एक दिन इंसान को महसूस होने लगता है कि वह उस रिश्ते को अकेले बचाने की कोशिश कर रहा है।

सबसे दुखद बात यह नहीं होती कि सामने वाला बदल गया।

सबसे दुखद बात यह होती है कि वही इंसान बदल गया जिसने कभी कहा था — **"मैं तुम्हें कभी नहीं छोड़ूँगा।"**

"दर्द किसी के जाने का नहीं होता, दर्द उस वादे के टूटने का होता है जिस पर हमने अपना पूरा दिल रख दिया था।"

धीरे-धीरे इंसान सवाल पूछने लगता है। वह जानना चाहता है कि आखिर क्या बदल गया। लेकिन कई बार उसे कोई जवाब नहीं मिलता। सिर्फ दूरी मिलती है। सिर्फ खामोशी मिलती है। और वही खामोशी सबसे ज्यादा दर्द देती है। क्योंकि इंसान धोखे को समझ सकता है, झगड़ों को समझ सकता है, लेकिन बिना वजह बदल जाने वाले लोगों को समझना बहुत मुश्किल होता है।

Psychology में इसे **Abandonment Trauma** कहा जाता है। जब कोई ऐसा व्यक्ति हमें छोड़ देता है जिस पर हमने अपना पूरा भरोसा किया हो, तो उसका

असर सिर्फ उस रिश्ते तक सीमित नहीं रहता। वह हमारे आने वाले रिश्तों को भी प्रभावित करता है। हम लोगों पर भरोसा करने से डरने लगते हैं। हमें हर नए रिश्ते में वही अंत दिखाई देने लगता है। क्योंकि एक बार टूटने के बाद दिल को दोबारा भरोसा करने में बहुत समय लगता है।

"कुछ लोग हमारी जिंदगी से चले जाते हैं, लेकिन उनका दिया हुआ डर बहुत लंबे समय तक हमारे साथ रहता है।"

समय बीतता जाता है। रिश्ता शायद खत्म हो जाता है। बातें बंद हो जाती हैं। रास्ते अलग हो जाते हैं। लेकिन कुछ शब्द हमेशा दिल में रह जाते हैं। उनमें से एक होता है — **"मैं तुम्हें कभी नहीं छोड़ूँगा।"** क्योंकि यह सिर्फ एक वाक्य नहीं था। यह एक सपना था। एक विश्वास था। एक ऐसी उम्मीद थी जिसके सहारे किसी ने अपना पूरा भविष्य देख लिया था।

और जब वही उम्मीद टूटती है, तो इंसान सिर्फ एक व्यक्ति को नहीं खोता। वह अपने कई सपने खो देता है। वह अपनी कई उम्मीदें खो देता है। वह अपने अंदर की वह मासूमियत खो देता है जो किसी पर आँख बंद करके भरोसा कर लेती थी।

"कुछ अलविदा शब्दों में नहीं होते, कुछ अलविदा उन वादों में छुपे होते हैं जो कभी निभाए ही नहीं गए।"

धीरे-धीरे इंसान यह समझने लगता है कि दुनिया में कोई भी हमेशा साथ रहने की गारंटी नहीं दे सकता। क्योंकि इंसान बदलते हैं, हालात बदलते हैं और रिश्ते भी बदल जाते हैं। लेकिन फिर भी कुछ लोग ऐसे वादे कर देते हैं जिन्हें निभाने का इरादा ही नहीं होता। और यही बात सबसे ज्यादा दर्द देती है।

क्योंकि अगर कोई शुरुआत में सच बोल दे, तो शायद चोट कम लगे। लेकिन जब कोई हमें हमेशा साथ रहने का विश्वास दिलाकर चला जाए, तो उसका दर्द बहुत गहरा होता है।

"झूठा साथ कुछ समय की खुशी देता है, लेकिन उसका अंत उम्रभर का दर्द दे जाता है।"

शायद यही वजह है कि "**मैं तुम्हें कभी नहीं छोड़ूँगा/छोड़ूँगी**" रिश्तों का सबसे भावनात्मक और सबसे दर्दनाक झूठ बन जाता है। क्योंकि यह सिर्फ एक वादा नहीं होता, यह किसी इंसान के दिल में घर बना लेता है। और जब वह घर टूटता है, तो उसकी आवाज़ बहुत देर तक सुनाई देती है।

निष्कर्ष

"**मैं तुम्हें कभी नहीं छोड़ूँगा/छोड़ूँगी**" सुनने में बहुत खूबसूरत लगता है, लेकिन अगर इसके पीछे सच्चाई और जिम्मेदारी न हो, तो यही वाक्य किसी की जिंदगी का सबसे बड़ा दर्द बन सकता है।

क्योंकि लोग किसी के जाने से उतना नहीं टूटते, जितना उसके टूटे हुए वादों से टूटते हैं। दर्द इस बात का नहीं था कि तुम चले गए... दर्द इस बात का था कि जाते-जाते तुम अपना वादा भी साथ ले गए।

"शायद रिश्तों का सबसे दुखद सच यही है कि कई बार हमेशा साथ रहने का वादा करने वाले लोग ही सबसे पहले साथ छोड़ जाते हैं।"

15

तुम ही मेरी दुनिया हो-Sabse Bada Jooth

रिश्तों में कुछ झूठ ऐसे होते हैं जो सुनने में किसी सपने की तरह लगते हैं। जब कोई इंसान आपकी आँखों में देखकर कहता है, "तुम ही मेरी दुनिया हो," तो दिल उस वाक्य को सिर्फ सुनता नहीं, बल्कि उसे सच मान लेता है। उसे लगता है कि अब उसकी अहमियत किसी की जिंदगी में सबसे ज्यादा है। उसे लगता है कि चाहे कितने भी लोग आएँ और जाएँ, उसकी जगह कोई नहीं ले सकता। और शायद यही वजह है कि जब इस वाक्य का सच सामने आता है, तो दर्द सिर्फ दिल को नहीं होता, बल्कि आत्मा तक पहुँच जाता है।

हर इंसान अपने जीवन में खास महसूस करना चाहता है। वह चाहता है कि कोई ऐसा हो जिसके लिए उसकी मौजूदगी सबसे ज्यादा मायने रखती हो। जब कोई प्यार में कहता है, "तुम ही मेरी दुनिया हो," तो यह सिर्फ एक तारीफ नहीं होती। यह एक भावनात्मक वादा बन जाता है। सामने वाला इंसान अपने सपनों, अपनी उम्मीदों और अपनी भावनाओं को उस वाक्य से जोड़ लेता है। वह यह मान लेता है कि अब वह किसी की जिंदगी का सबसे जरूरी हिस्सा है।

Psychology कहती है कि इंसान उन शब्दों पर सबसे जल्दी विश्वास करता है जो उसकी भावनात्मक जरूरतों को छूते हैं। अगर कोई खुद को अकेला महसूस करता हो, अगर उसे अपनापन चाहिए हो, अगर वह किसी की जिंदगी में महत्व पाना चाहता हो, तो "तुम ही मेरी दुनिया हो" जैसे शब्द उसके दिल में बहुत गहराई तक उतर जाते हैं। क्योंकि ये शब्द उसे वह एहसास देते हैं जिसकी उसे सबसे

ज्यादा जरूरत होती है।

"कुछ शब्द कानों से नहीं, सीधे दिल में उतरते हैं... और जब वे झूठ निकलते हैं, तो घाव भी दिल में ही छोड़ जाते हैं।"

शुरुआत में सब कुछ सच जैसा लगता है। सामने वाला हर समय आपके साथ रहना चाहता है। आपकी हर बात में दिलचस्पी लेता है। आपकी छोटी-सी खुशी में खुश होता है और आपके दुख में उदास हो जाता है। आपको लगता है कि सच में आप उसकी दुनिया का सबसे खूबसूरत हिस्सा हैं। हर सुबह उसकी Good Morning और हर रात उसकी Good Night आपको यह विश्वास दिलाती है कि आप उसके लिए बहुत खास हैं।

लेकिन समय का एक अजीब स्वभाव होता है। वह लोगों की असलियत को धीरे-धीरे सामने लाता है। जो इंसान कभी कहता था कि "तुम ही मेरी दुनिया हो," वही धीरे-धीरे अपनी दुनिया में इतना व्यस्त हो जाता है कि उसमें आपके लिए जगह कम होने लगती है। पहले जवाब देर से आने लगते हैं। फिर मुलाकातें कम होने लगती हैं। फिर बातें कम हो जाती हैं। और एक दिन आपको महसूस होता है कि जिस दुनिया का आप सबसे जरूरी हिस्सा थे, उस दुनिया में अब आपकी मौजूदगी उतनी जरूरी नहीं रही।

उस समय सबसे ज्यादा दर्द इस बात का नहीं होता कि वह बदल गया।

दर्द इस बात का होता है कि आपने उसके शब्दों पर भरोसा किया था।

आपने उन बातों को सच मान लिया था जिन्हें शायद सिर्फ उस पल को खूबसूरत बनाने के लिए कहा गया था।

"दर्द किसी के बदल जाने का नहीं होता, दर्द उस भरोसे के टूटने का होता है जो हमने उसके शब्दों पर किया था।"

धीरे-धीरे इंसान खुद से सवाल पूछने लगता है। अगर मैं उसकी दुनिया था, तो उसने मुझे इतनी आसानी से कैसे भुला दिया? अगर मेरी जगह कोई नहीं ले सकता था, तो आज मेरी जगह कोई और कैसे खड़ा है? अगर मैं इतना जरूरी था, तो आज मेरी कमी उसे महसूस क्यों नहीं होती?

यही वे सवाल हैं जो रातों की नींद छीन लेते हैं।

यही वे सवाल हैं जिनका जवाब अक्सर कभी नहीं मिलता।

Psychology में इसे **Emotional Disillusionment** कहा जाता है। जब किसी इंसान की बनाई हुई भावनात्मक तस्वीर अचानक टूट जाती है। वह जिस कहानी को सच समझकर जी रहा था, अचानक उसे पता चलता है कि वह कहानी वैसी थी ही नहीं जैसी उसने सोची थी। यही एहसास इंसान को अंदर तक तोड़ देता है।

"सबसे कठिन दर्द वह नहीं होता जब कोई हमें छोड़ दे, सबसे कठिन दर्द वह होता है जब हमें एहसास हो कि हम उसके लिए उतने महत्वपूर्ण थे ही नहीं जितना उसने कहा था।"

धीरे-धीरे इंसान समझने लगता है कि दुनिया किसी की नहीं होती। जो लोग कहते हैं कि "तुम ही मेरी दुनिया हो," उनमें से कई लोग कुछ समय बाद अपनी दुनिया बदल लेते हैं। उनकी प्राथमिकताएँ बदल जाती हैं। उनके सपने बदल जाते हैं। और कभी-कभी उनके साथ चलने वाले लोग भी बदल जाते हैं।

लेकिन जो इंसान उन शब्दों पर भरोसा कर चुका होता है, उसके लिए आगे बढ़ना आसान नहीं होता। क्योंकि वह सिर्फ एक व्यक्ति को नहीं खो रहा होता। वह उस दुनिया को खो रहा होता है जिसे उसने अपने मन में बनाया था। वह उन सपनों को खो रहा होता है जो उसने किसी के साथ मिलकर देखे थे।

"कुछ लोग हमारे जीवन से जाते समय सिर्फ अपना साथ नहीं ले जाते, वे हमारे कई सपने भी अपने साथ ले जाते हैं।"

समय बीतता है। घाव भरने लगते हैं। जिंदगी आगे बढ़ने लगती है। लेकिन कुछ वाक्य हमेशा दिल में रह जाते हैं। उनमें से एक होता है — "तुम ही मेरी दुनिया हो।" क्योंकि एक समय था जब यह वाक्य सुनकर मुस्कान आती थी। और आज वही वाक्य याद करके आँखें भर आती हैं।

क्योंकि अब समझ आ चुका होता है कि जो लोग सच में हमें अपनी दुनिया मानते हैं, उन्हें बार-बार यह कहने की जरूरत नहीं पड़ती। उनका व्यवहार, उनका समय और उनकी मौजूदगी खुद यह साबित कर देती है।

"सच्चा प्यार शब्दों में कम और व्यवहार में ज्यादा दिखाई देता है।"

शायद यही वजह है कि "तुम ही मेरी दुनिया हो" रिश्तों का इतना दर्दनाक झूठ बन जाता है। क्योंकि यह किसी इंसान को सिर्फ खास महसूस नहीं कराता, बल्कि उसे यह विश्वास दिला देता है कि उसकी जगह कभी कोई नहीं ले सकता। और जब वही विश्वास टूटता है, तो उसका दर्द बहुत गहरा होता है।

निष्कर्ष

"तुम ही मेरी दुनिया हो" सुनने में बहुत खूबसूरत लगता है, लेकिन अगर इसके पीछे सच्चाई न हो, तो यह रिश्तों का एक बहुत भावनात्मक और दर्दनाक झूठ बन जाता है।

क्योंकि लोग किसी के जाने से कम टूटते हैं, लेकिन उसके शब्दों के झूठे साबित होने से ज्यादा टूटते हैं। दर्द इस बात का नहीं था कि तुम बदल गए... दर्द इस बात का था कि जिस दुनिया का मैं हिस्सा था, उसमें मेरे लिए जगह ही नहीं बची।

"शायद रिश्तों का सबसे कड़वा सच यही है कि कई बार जो लोग हमें अपनी दुनिया बताते हैं, वही एक दिन हमें अपनी दुनिया से बाहर कर देते हैं।"

16

मैं सिर्फ तुम्हारा हूँ

रिश्तों में कुछ झूठ ऐसे होते हैं जो सिर्फ शब्द नहीं होते, वे किसी इंसान की पूरी भावनात्मक दुनिया बन जाते हैं। "मैं सिर्फ तुम्हारा हूँ" या "मैं सिर्फ तुम्हारी हूँ" ऐसा ही एक झूठ है। जब कोई इंसान यह बात कहता है, तो सामने वाला सिर्फ मुस्कुराता नहीं, बल्कि अपने दिल के सारे दरवाजे उसके लिए खोल देता है। उसे लगता है कि अब उसे किसी से डरने की जरूरत नहीं है। अब कोई ऐसा है जो सिर्फ उसका है, जिसकी भावनाओं में, जिसके दिल में और जिसकी दुनिया में सिर्फ उसी की जगह है। लेकिन शायद रिश्तों का सबसे कड़वा सच यही है कि कई बार जो लोग सबसे ज्यादा अपना होने का दावा करते हैं, वही सबसे पहले पराया होने लगते हैं।

जब प्यार नया होता है, तब हर बात में अपनापन होता है। हर Message में प्यार होता है। हर Call में इंतजार होता है। हर मुलाकात में एक अलग ही खुशी होती है। ऐसे समय में जब कोई प्यार से कहता है, "मैं सिर्फ तुम्हारा हूँ," तो दिल उस बात को सच मान लेता है। उसे लगता है कि अब यह रिश्ता किसी डर, किसी शक और किसी दूरी से ऊपर उठ चुका है। अब यहाँ सिर्फ भरोसा है।

Psychology कहती है कि इंसान को सबसे ज्यादा सुकून तब मिलता है जब उसे Emotional Security महसूस होती है। जब उसे लगता है कि कोई उसे छोड़कर नहीं जाएगा, कोई उसे बदलकर नहीं जाएगा और कोई उसकी जगह किसी और को नहीं देगा। यही वजह है कि "मैं सिर्फ तुम्हारा हूँ" जैसे शब्द दिल में बहुत गहराई तक उतर जाते हैं। क्योंकि ये शब्द सिर्फ प्यार नहीं, सुरक्षा का एहसास भी देते हैं।

"कुछ शब्द हमें खुशी नहीं देते, वे हमें सुरक्षित महसूस कराते हैं... और जब वही शब्द झूठ निकलते हैं, तो सबसे ज्यादा डर पैदा करते हैं।"

धीरे-धीरे इंसान उस रिश्ते में पूरी तरह शामिल हो जाता है। वह अपने सपनों में सामने वाले को शामिल कर लेता है। अपनी खुशियों में, अपनी परेशानियों में और अपने भविष्य में भी। क्योंकि उसे विश्वास होता है कि अब वह अकेला नहीं है। अब कोई ऐसा है जो सिर्फ उसका है।

लेकिन समय के साथ कुछ बदलाव आने लगते हैं। पहले जो इंसान हर छोटी बात साझा करता था, अब कुछ बातें छुपाने लगता है। पहले जो हर समय मौजूद रहता था, अब उसके पास बहाने ज्यादा और समय कम होने लगता है। पहले जो हर बात में "हम" कहता था, अब धीरे-धीरे "मैं" कहने लगता है।

दिल इन बदलावों को महसूस करता है।

लेकिन स्वीकार नहीं करना चाहता।

क्योंकि अगर वह सच स्वीकार कर ले, तो उसे यह भी मानना पड़ेगा कि शायद वह वादा सच नहीं था।

"दिल अक्सर सच्चाई जान लेता है, लेकिन मोहब्बत उसे मानने नहीं देती।"

फिर एक दिन इंसान को महसूस होने लगता है कि सामने वाला सिर्फ उसका नहीं रहा। शायद उसकी दुनिया में कोई और भी है। शायद उसकी प्राथमिकताएँ बदल गई हैं। शायद उसका दिल बदल गया है। लेकिन जब भी इस बारे में पूछा जाता है, जवाब वही मिलता है — "तुम बेवजह सोच रहे हो, मैं सिर्फ तुम्हारा हूँ।"

और यहीं से दर्द शुरू होता है।

क्योंकि जब शब्द और व्यवहार अलग-अलग कहानियाँ सुनाने लगें, तो दिल सबसे ज्यादा उलझ जाता है।

वह समझ नहीं पाता कि किस पर भरोसा करे।

उन शब्दों पर जो कभी सुकून देते थे?

या उन बदलावों पर जो अब हर दिन दिखाई दे रहे हैं?

Psychology में इसे **Cognitive Dissonance** कहा जाता है। जब हमारा दिल और दिमाग दो अलग-अलग बातें कह रहे होते हैं। दिल पुराने वादों को याद

करता है, जबकि दिमाग बदलती हुई हकीकत को देखता है। यही संघर्ष इंसान को अंदर से थका देता है।

"सबसे ज्यादा थकान काम से नहीं होती, सबसे ज्यादा थकान उस रिश्ते से होती है जहाँ शब्द कुछ और और हकीकत कुछ और हो।"

धीरे-धीरे इंसान बदलने लगता है। वह पहले जैसा खुलकर हँस नहीं पाता। वह पहले जैसी आसानी से भरोसा नहीं कर पाता। वह हर बात में छुपे हुए अर्थ ढूँढने लगता है। क्योंकि एक बार जब भरोसा हिलने लगे, तो हर चीज़ पर शक होने लगता है।

सबसे दर्दनाक बात यह नहीं होती कि सामने वाला बदल गया। सबसे दर्दनाक बात यह होती है कि उसने बदलते हुए भी वही पुराने वादे दोहराए। वह आज भी कहता रहा — "मैं सिर्फ तुम्हारा हूँ।"

जबकि उसके व्यवहार में वह बात कहीं दिखाई नहीं देती थी।

"कुछ लोग रिश्ता खत्म होने के बाद झूठ नहीं बोलते... कुछ लोग रिश्ता खत्म होने से पहले भी सच नहीं बोलते।"

समय के साथ इंसान समझने लगता है कि किसी का सिर्फ शब्दों में अपना होना और सच में अपना होना, दोनों अलग बातें हैं। जो लोग सच में हमारे होते हैं, उन्हें बार-बार यह साबित करने की जरूरत नहीं पड़ती कि वे सिर्फ हमारे हैं। उनका व्यवहार, उनकी ईमानदारी और उनका साथ खुद यह साबित कर देता है।

लेकिन जो लोग सिर्फ शब्दों में अपने होते हैं, वे अक्सर एक दिन शब्दों के साथ ही चले जाते हैं।

और पीछे छोड़ जाते हैं टूटा हुआ भरोसा, अधूरे सवाल और बहुत सारी यादें।

"किसी के जाने से ज्यादा दर्द तब होता है जब पता चले कि वह कभी पूरी तरह हमारा था ही नहीं।"

शायद यही वजह है कि "मैं सिर्फ तुम्हारा हूँ/हूँ" रिश्तों का इतना दर्दनाक झूठ बन जाता है। क्योंकि यह किसी इंसान को सिर्फ प्यार का नहीं, अधिकार का भी

एहसास दिलाता है। और जब वही एहसास टूटता है, तो दिल को लगता है कि उसने सिर्फ एक रिश्ता नहीं खोया... उसने अपना सबसे सुरक्षित कोना खो दिया।

निष्कर्ष

"मैं सिर्फ तुम्हारा हूँ" सुनने में एक बहुत खूबसूरत वाक्य है, लेकिन अगर इसके पीछे सच्चाई नहीं है, तो यह रिश्तों के सबसे गहरे घावों में से एक बन सकता है।

क्योंकि प्यार में सबसे ज्यादा दर्द किसी के बदल जाने से नहीं होता, बल्कि उस एहसास के टूटने से होता है कि वह सिर्फ हमारा था दर्द इस बात का नहीं था कि तुम चले गए... दर्द इस बात का था कि जिस इंसान को मैं अपना समझता था, वह कभी पूरी तरह मेरा था ही नहीं।

"शायद रिश्तों का सबसे दुखद सच यही है कि कुछ लोग हमेशा अपना होने का दावा करते हैं, लेकिन कभी किसी एक के होकर नहीं रह पाते।"

17

वो सिर्फ मेरा दोस्त है

रिश्तों में कुछ झूठ ऐसे होते हैं जो पहली बार सुनने पर बिल्कुल सामान्य लगते हैं, लेकिन समय के साथ वही झूठ किसी रिश्ते की नींव हिला देते हैं। **"वो सिर्फ मेरा दोस्त है"** या **"वो सिर्फ मेरी दोस्त है"** ऐसा ही एक झूठ है। यह एक ऐसा वाक्य है जिसे सुनकर अक्सर लोग चुप हो जाते हैं, क्योंकि उन्हें लगता है कि शायद वे ही गलत सोच रहे हैं। शायद सच में सामने वाला सिर्फ एक दोस्त है। शायद उनका शक बेवजह है। लेकिन कई बार इस एक वाक्य के पीछे इतनी सारी अनकही सच्चाइयाँ छुपी होती हैं कि जब वे सामने आती हैं, तब तक बहुत देर हो चुकी होती है।

हर रिश्ता भरोसे पर खड़ा होता है। प्यार का मतलब किसी को बाँधकर रखना नहीं होता, बल्कि उस पर भरोसा करना होता है। लेकिन भरोसे और अंधे भरोसे के बीच बहुत बड़ा फर्क होता है। जब कोई इंसान बार-बार किसी एक व्यक्ति के बारे में बात करे, उसके साथ जरूरत से ज्यादा समय बिताए, उसकी मौजूदगी को अपनी जिंदगी का अहम हिस्सा बना ले और फिर हर सवाल के जवाब में सिर्फ इतना कहे कि **"वो सिर्फ मेरा दोस्त है,"** तो दिल के अंदर एक बेचैनी पैदा होने लगती है। वह बेचैनी शक की नहीं होती, बल्कि उस बदलाव की होती है जिसे इंसान महसूस तो कर रहा होता है, लेकिन साबित नहीं कर पा रहा होता।

शुरुआत में सब कुछ सामान्य लगता है। सामने वाला समझाता है कि दोस्ती और प्यार अलग-अलग चीजें हैं। वह कहता है कि तुम्हें मुझ पर भरोसा करना चाहिए। और प्यार करने वाला इंसान भरोसा कर भी लेता है। क्योंकि वह लड़ना नहीं चाहता। वह अपने रिश्ते को बचाना चाहता है। वह यह मान लेना चाहता है

कि उसकी सोच गलत है और सामने वाला सही है। लेकिन दिल के अंदर जो सवाल होते हैं, वे आसानी से मरते नहीं।

Psychology कहती है कि जब किसी रिश्ते में Emotional Energy किसी तीसरे व्यक्ति की तरफ जरूरत से ज्यादा जाने लगती है, तो सामने वाला इंसान असुरक्षित महसूस करने लगता है। यह असुरक्षा हमेशा शक की वजह से नहीं होती। कई बार यह सिर्फ इसलिए होती है क्योंकि उसे महसूस होने लगता है कि उसकी जगह धीरे-धीरे कोई और ले रहा है।

"कई बार दर्द धोखे से नहीं होता, दर्द उस एहसास से होता है कि कोई और हमारी जगह लेने लगा है।"

धीरे-धीरे चीजें बदलने लगती हैं। पहले जो बातें आपसे साझा की जाती थीं, अब किसी और से साझा होने लगती हैं। पहले जो समय आपका हुआ करता था, अब उसका एक बड़ा हिस्सा किसी और के पास जाने लगता है। पहले जो मुस्कान आपकी वजह से आती थी, अब किसी और के Message पर दिखाई देने लगती है। और जब आप यह सब महसूस करके कुछ पूछते हैं, तो जवाब मिलता है — "तुम **बेवजह सोच रहे हो, वो सिर्फ मेरा दोस्त है।**"

यही वह जगह होती है जहाँ इंसान अपने दिल और दिमाग के बीच फँस जाता है।

दिल कहता है कि कुछ बदल रहा है। दिमाग कहता है कि भरोसा करो। और प्यार करने वाला इंसान अक्सर दिमाग की बात मान लेता है। लेकिन सच यह है कि दिल बहुत कम बार गलत होता है।

"दिल को सबूतों की जरूरत नहीं होती, वह बदलते हुए एहसासों को बहुत पहले पहचान लेता है।"

सबसे ज्यादा दर्द तब होता है जब सामने वाला सिर्फ दोस्ती का दावा करता रहता है, लेकिन उसका व्यवहार दोस्ती से कहीं आगे निकल चुका होता है। देर रात की बातें, हर छोटी-बड़ी बात साझा करना, भावनात्मक सहारा बन जाना और धीरे-धीरे उस जगह पर पहुँचना जहाँ कभी सिर्फ आप हुआ करते थे। उस समय इंसान खुद से सवाल पूछने लगता है कि अगर यह सिर्फ दोस्ती है, तो फिर मेरे हिस्से की जगह इतनी छोटी क्यों होती जा रही है?

Psychology में एक शब्द है — **Emotional Infidelity**। इसका मतलब है भावनात्मक रूप से किसी और के साथ इतना जुड़ जाना कि अपने रिश्ते की भावनात्मक सीमाएँ टूटने लगें। इसमें जरूरी नहीं कि कोई शारीरिक धोखा हो। कई बार सिर्फ भावनात्मक दूरी ही किसी रिश्ते को खत्म करने के लिए काफी होती है। और यही कारण है कि कुछ लोग यह कहते हुए भी सच बोल रहे होते हैं कि "हम सिर्फ दोस्त हैं," लेकिन फिर भी उनके रिश्ते में कुछ ऐसा चल रहा होता है जो दोस्ती से कहीं ज्यादा गहरा होता है।

"रिश्ते हमेशा किसी तीसरे इंसान के आने से नहीं टूटते, कई बार किसी तीसरे इंसान को जरूरत से ज्यादा अहमियत देने से टूटते हैं।"

धीरे-धीरे इंसान खुद को बदलने लगता है। वह कम सवाल पूछता है। कम शिकायत करता है। कम उम्मीद करता है। क्योंकि उसे डर होता है कि कहीं उसे असुरक्षित, पज़ेसिव या Overthinker न कह दिया जाए। वह अपनी तकलीफ को अपने अंदर दबाने लगता है। लेकिन दबाई हुई भावनाएँ कभी खत्म नहीं होतीं। वे सिर्फ अंदर जमा होती रहती हैं।

फिर एक दिन वही सच सामने आ जाता है जिससे वह शुरू से डर रहा था। कभी स्वीकारोक्ति के रूप में, कभी बदलते व्यवहार के रूप में और कभी किसी नए रिश्ते के रूप में। और उस दिन इंसान को सबसे ज्यादा दर्द इस बात का नहीं होता कि सामने वाला किसी और के करीब चला गया। दर्द इस बात का होता है कि उसकी भावनाओं को बार-बार गलत साबित किया गया। उसे बार-बार यह यकीन दिलाया गया कि वह बेवजह सोच रहा है। उसे बार-बार कहा गया कि "वो सिर्फ मेरा दोस्त है।"

"कुछ झूठ इसलिए दर्द नहीं देते क्योंकि वे झूठ थे, वे इसलिए दर्द देते हैं क्योंकि हमने उन्हें सच मान लिया था।"

समय के साथ इंसान समझ जाता है कि सच्ची दोस्ती और भावनात्मक दूरी पैदा करने वाली दोस्ती में फर्क होता है। जो लोग सच में रिश्ते की कद्र करते हैं, वे अपने साथी की भावनाओं को समझते हैं। वे यह नहीं कहते कि तुम्हारी भावनाएँ गलत हैं। वे यह समझने की कोशिश करते हैं कि आखिर तुम्हें तकलीफ क्यों हो

रही है। क्योंकि प्यार में सिर्फ वफादार होना ही काफी नहीं होता। भावनात्मक रूप से ईमानदार होना भी जरूरी होता है। और जहाँ भावनात्मक ईमानदारी खत्म होने लगे, वहाँ रिश्ते धीरे-धीरे कमजोर होने लगते हैं।

"धोखा हमेशा हाथ पकड़ने से नहीं शुरू होता, कई बार वह किसी और को दिल में जगह देने से शुरू होता है।"

शायद यही वजह है कि **"वो सिर्फ मेरा दोस्त/दोस्त है"** रिश्तों का इतना दर्दनाक झूठ बन जाता है। क्योंकि कई बार यह सिर्फ एक वाक्य नहीं होता। यह उस सच्चाई पर डाला गया पर्दा होता है जिसे सामने वाला स्वीकार नहीं करना चाहता। और जब वह पर्दा हटता है, तो उसके साथ बहुत सारा भरोसा भी टूट जाता है।

निष्कर्ष

"वो सिर्फ मेरा दोस्त है" हमेशा झूठ नहीं होता। दुनिया में सच्ची दोस्ती भी होती है। लेकिन जब इस वाक्य का इस्तेमाल बदलती हुई भावनाओं, छुपी हुई नज़दीकियों और रिश्ते की सच्चाई को छुपाने के लिए किया जाए, तब यह रिश्तों का एक बहुत दर्दनाक झूठ बन जाता है।

क्योंकि दर्द सिर्फ किसी तीसरे व्यक्ति का नहीं होता। दर्द उस एहसास का होता है कि जिस इंसान पर हमने सबसे ज्यादा भरोसा किया, उसने हमारी भावनाओं को समझने के बजाय उन्हें गलत साबित कर दिया। दर्द इस बात का नहीं था कि वो तुम्हारा दोस्त था... दर्द इस बात का था कि उसकी मौजूदगी में मैं धीरे-धीरे अजनबी होता जा रहा था।

"शायद रिश्तों का सबसे दुखद सच यही है कि कई बार लोग हमें खोने से पहले किसी और को पा चुके होते हैं, लेकिन फिर भी कहते रहते हैं — 'वो सिर्फ मेरा दोस्त है।'"

18

मैं कभी झूठ नहीं बोलता/बोलती

रिश्तों में शायद ही कोई झूठ इतना खतरनाक होता है जितना यह वाक्य — **"मैं कभी झूठ नहीं बोलता/बोलती।"** क्योंकि जब कोई इंसान यह कहता है, तो वह सिर्फ अपनी ईमानदारी की बात नहीं कर रहा होता, वह सामने वाले से यह उम्मीद भी कर रहा होता है कि उस पर आँख बंद करके भरोसा किया जाए। और प्यार में भरोसा ही वह चीज़ होती है जो दो लोगों को एक-दूसरे से जोड़ती है। लेकिन जब वही भरोसा टूटता है, तो रिश्ता सिर्फ कमजोर नहीं होता, अंदर से बिखर जाता है।

जब कोई व्यक्ति हमारे जीवन में आता है और बार-बार यह कहता है कि **"मैं कभी झूठ नहीं बोलता,"** तो धीरे-धीरे हम अपनी सावधानियाँ छोड़ने लगते हैं। हम उसके शब्दों पर भरोसा करने लगते हैं। हमें लगता है कि अब हमें हर बात की पुष्टि करने की जरूरत नहीं है। अब कोई ऐसा है जो चाहे कुछ भी हो जाए, सच ही बोलेगा। और शायद यही कारण है कि जब ऐसे इंसान का पहला झूठ सामने आता है, तो दर्द उस झूठ से ज्यादा उस भरोसे के टूटने का होता है जो हमने उस पर किया था।

शुरुआत में सब कुछ बहुत सामान्य होता है। छोटी-छोटी बातें होती हैं, छोटे-छोटे वादे होते हैं और हर बार सामने वाला यही जताता है कि वह बाकी लोगों जैसा नहीं है। वह कहता है कि दुनिया चाहे झूठी हो, लेकिन वह हमेशा सच बोलेगा। और प्यार करने वाला इंसान यही सुनना चाहता है। क्योंकि हर किसी को अपनी जिंदगी में एक ऐसा व्यक्ति चाहिए होता है जिसके सामने उसे शक करने की जरूरत न

पड़े।

Psychology कहती है कि जब किसी इंसान को बार-बार यह भरोसा दिलाया जाए कि वह सुरक्षित है, तो उसका दिमाग धीरे-धीरे अपनी सतर्कता कम कर देता है। यही कारण है कि हम उन लोगों पर सबसे ज्यादा भरोसा करते हैं जो हमें सबसे ज्यादा ईमानदार दिखाई देते हैं। लेकिन समस्या तब शुरू होती है जब ईमानदारी सिर्फ शब्दों में रह जाती है और व्यवहार में नहीं।

"झूठ का सबसे दर्दनाक रूप वह नहीं होता जब कोई झूठ बोलता है, बल्कि वह होता है जब कोई खुद को सबसे सच्चा साबित करता रहता है।"

धीरे-धीरे कुछ बातें बदलने लगती हैं। पहले छोटी-छोटी बातें छुपाई जाती हैं। फिर कुछ सच आधे बताए जाते हैं। फिर कुछ सवालों के जवाब टाल दिए जाते हैं। लेकिन हर बार जब सामने वाला पकड़ा जाता है, वह यही कहता है – **"मुझ पर भरोसा करो, मैं कभी झूठ नहीं बोलता।"** और क्योंकि दिल अभी भी उसे खोना नहीं चाहता, इसलिए वह हर बार उसे एक और मौका दे देता है।

यही वह जगह होती है जहाँ इंसान सच और भरोसे के बीच फँस जाता है। वह देख कुछ और रहा होता है। लेकिन मान कुछ और रहा होता है। क्योंकि प्यार में सबसे कठिन काम सच्चाई को स्वीकार करना होता है।

"कई बार हमें झूठ नहीं तोड़ता, हमें वह सच तोड़ता है जिसे हम स्वीकार नहीं करना चाहते।"

समय के साथ इंसान महसूस करने लगता है कि सामने वाला झूठ सिर्फ शब्दों में नहीं बोल रहा, वह अपने व्यवहार से भी बोल रहा है। उसके वादे और उसके काम मेल नहीं खाते। उसकी बातें और उसकी प्राथमिकताएँ अलग-अलग दिशाओं में चल रही होती हैं। लेकिन फिर भी वह खुद को सच्चा साबित करने की कोशिश करता रहता है।

Psychology में इसे **Trust Manipulation** कहा जा सकता है। जब कोई व्यक्ति अपनी बनाई हुई अच्छी छवि का इस्तेमाल करके सामने वाले को बार-बार यह यकीन दिलाता है कि गलती उसकी नहीं है। धीरे-धीरे दूसरा इंसान अपनी ही समझ पर शक करने लगता है। उसे लगता है कि शायद वह ही ज्यादा सोच रहा है।

शायद वह ही गलत समझ रहा है।

और यही इस झूठ की सबसे खतरनाक बात है।

यह सिर्फ सच नहीं छुपाता।

यह सामने वाले को उसकी अपनी भावनाओं से भी दूर कर देता है।

"सबसे खतरनाक झूठ वह होता है जो सच का मुखौटा पहनकर बोला जाए।"

फिर एक दिन ऐसा आता है जब सच छुप नहीं पाता। कोई बात सामने आ जाती है। कोई राज खुल जाता है। कोई ऐसा सच सामने खड़ा हो जाता है जिसे अब झुठलाया नहीं जा सकता। और उस दिन इंसान को सिर्फ यह दर्द नहीं होता कि उससे झूठ बोला गया।

उसे यह दर्द भी होता है कि उसने अपने दिल को कितनी बार चुप कराया था।

कितनी बार अपने शक को गलत कहा था।

कितनी बार खुद को समझाया था कि नहीं, यह इंसान झूठ नहीं बोल सकता।

"दर्द झूठ का नहीं था... दर्द उस भरोसे का था जो हर झूठ के साथ थोड़ा-थोड़ा मरता गया।"

धीरे-धीरे इंसान समझने लगता है कि जो लोग सच में ईमानदार होते हैं, वे बार-बार अपनी ईमानदारी की घोषणा नहीं करते। उन्हें यह कहने की जरूरत नहीं पड़ती कि वे कभी झूठ नहीं बोलते। उनके शब्द नहीं, उनका व्यवहार उनकी सच्चाई साबित करता है। क्योंकि सच को बार-बार साबित करने की जरूरत नहीं होती।

लेकिन जो लोग हर समय अपनी सच्चाई का प्रमाण देते रहते हैं, कई बार वही सबसे ज्यादा कुछ छुपा रहे होते हैं। यही कारण है कि रिश्ते सिर्फ झूठ से नहीं टूटते। वे उस पल टूटते हैं जब भरोसा टूटता है। और भरोसा एक बार टूट जाए, तो उसे वापस जोड़ना बहुत मुश्किल होता है।

"टूटा हुआ काँच और टूटा हुआ भरोसा दोनों जुड़ तो सकते हैं, लेकिन पहले जैसे कभी नहीं होते।"

समय बीत जाता है। लोग आगे बढ़ जाते हैं। रिश्ते बदल जाते हैं। लेकिन कुछ वाक्य हमेशा दिल में रह जाते हैं। उनमें से एक होता है — "**मैं कभी झूठ नहीं बोलता/बोलती।**" क्योंकि एक समय था जब यह वाक्य सुकून देता था। और फिर एक समय ऐसा आया जब यही वाक्य सबसे बड़ा मजाक लगने लगा।

शायद यही वजह है कि यह रिश्तों का इतना दर्दनाक झूठ बन जाता है। क्योंकि जब कोई कहता है कि वह कभी झूठ नहीं बोलता, तो हम सिर्फ उसकी बात पर नहीं, उसके पूरे अस्तित्व पर भरोसा करने लगते हैं। और जब वही भरोसा टूटता है, तो इंसान सिर्फ एक रिश्ता नहीं खोता... वह भरोसा करना भी भूल जाता है।

निष्कर्ष

"**मैं कभी झूठ नहीं बोलता/बोलती**" सुनने में बहुत सुकून देने वाला वाक्य है, लेकिन अगर इसके पीछे सच्चाई न हो, तो यह रिश्तों का सबसे खतरनाक झूठ बन सकता है।

क्योंकि झूठ सिर्फ सच को नहीं छुपाता, वह भरोसे को भी मार देता है। और जिस रिश्ते में भरोसा मर जाए, वहाँ प्यार भी ज्यादा देर तक जिंदा नहीं रह पाता।लोग झूठ भी बड़ी शिद्‌दत से बोलते हैं सामने वाले को पता होता है कि झूठ बोल रहा हैं फिर भी उसे झूठ को सच साबित करने के लिए कुछ भी कर जाते हैं।

"रिश्तों का सबसे दुखद सच यही है कि सबसे बड़े झूठ अक्सर वही लोग बोलते हैं जो खुद को सबसे ज्यादा सच्चा बताते हैं।"

19

तुम ही मेरी Priority हो

रिश्तों में कुछ झूठ ऐसे होते हैं जो सुनने में बहुत खूबसूरत लगते हैं, लेकिन समय के साथ वही सबसे ज्यादा दर्द देने लगते हैं। "तुम ही मेरी **Priority** हो" ऐसा ही एक झूठ है। जब कोई इंसान यह बात कहता है, तो सामने वाला सिर्फ एक वाक्य नहीं सुनता, बल्कि उसे अपने रिश्ते की सबसे बड़ी सच्चाई मान लेता है। उसे लगता है कि अब उसकी जगह किसी की जिंदगी में सबसे ऊपर है। उसे लगता है कि चाहे कितनी भी व्यस्तता आ जाए, चाहे कितने भी लोग जिंदगी में आ जाएँ, लेकिन उसके लिए हमेशा समय निकलेगा। क्योंकि आखिर वह Priority जो है। लेकिन शायद रिश्तों का सबसे कड़वा सच यही है कि कई बार लोग हमें अपनी Priority बताते जरूर हैं, लेकिन अपनी जिंदगी में कहीं और रख देते हैं।

शुरुआत में सब कुछ बिल्कुल वैसा ही लगता है जैसा सामने वाला कहता है। वह आपके Message का इंतजार करता है। आपकी छोटी-छोटी बातों को याद रखता है। आपकी खुशी में खुश होता है और आपके दुख में उदास। उस समय जब वह कहता है "तुम ही मेरी **Priority** हो," तो उसके शब्द और उसका व्यवहार दोनों एक जैसे दिखाई देते हैं। और यही कारण है कि दिल उस पर पूरी तरह विश्वास कर लेता है। इंसान अपने सपनों में उसे शामिल कर लेता है। अपने भविष्य में उसकी जगह बना लेता है। क्योंकि उसे लगता है कि अब वह किसी की जिंदगी का सबसे जरूरी हिस्सा बन चुका है।

लेकिन समय धीरे-धीरे रिश्तों की असली तस्वीर दिखाना शुरू कर देता है। पहले जो इंसान हर समय उपलब्ध रहता था, अब उसके पास समय कम होने लगता है। पहले जो आपकी एक उदासी पर बेचैन हो जाता था, अब आपकी

खामोशी भी उसे परेशान नहीं करती। पहले जो आपके लिए रात भर जाग सकता था, अब एक Message का जवाब देने में पूरा दिन लगा देता है। और जब आप इस बदलाव के बारे में पूछते हैं, तो वह मुस्कुराकर कहता है — "तुम ही तो मेरी **Priority हो।"**

यहीं से दिल उलझना शुरू हो जाता है। क्योंकि शब्द कुछ और कह रहे होते हैं। और व्यवहार कुछ और।

"जब किसी की बातें और उसका व्यवहार अलग-अलग कहानियाँ सुनाने लगें, तो दिल सबसे पहले टूटता है।"

Psychology कहती है कि इंसान की असली प्राथमिकताएँ उसके शब्दों से नहीं, उसके समय और उसकी ऊर्जा से दिखाई देती हैं। हम जिस चीज़ को महत्व देते हैं, उसके लिए समय निकालते हैं। उसके लिए कोशिश करते हैं। उसके लिए बहाने नहीं बनाते। यही कारण है कि जब कोई बार-बार यह कहे कि आप उसकी Priority हैं, लेकिन उसके पास आपके लिए समय न हो, तो दिल धीरे-धीरे उस सच्चाई को महसूस करने लगता है जिसे वह स्वीकार नहीं करना चाहता। धीरे-धीरे इंसान खुद को समझाने लगता है। वह सोचता है कि शायद सामने वाला सच में व्यस्त होगा। शायद परिस्थितियाँ कठिन होंगी। शायद कुछ समय बाद सब पहले जैसा हो जाएगा। क्योंकि प्यार में इंसान सच से ज्यादा उम्मीद पर जीता है। वह हर बार बहाना ढूँढ लेता है ताकि उसका रिश्ता बचा रहे। लेकिन दिल के अंदर एक खालीपन बढ़ता रहता है।

वह महसूस करने लगता है कि उसकी बातें अब पहले जैसी महत्वपूर्ण नहीं रहीं। उसकी तकलीफ अब पहले जैसी जरूरी नहीं रही। उसकी मौजूदगी अब पहले जैसी खास नहीं रही। और यही एहसास सबसे ज्यादा दर्द देता है।

"Priority होने का एहसास शब्दों से नहीं मिलता, वह समय और कोशिशों से मिलता है।"

सबसे दुखद बात यह होती है कि सामने वाला शायद कभी सीधे यह नहीं कहता कि उसकी प्राथमिकताएँ बदल गई हैं। वह आज भी वही पुरानी बातें दोहराता रहता है। वह आज भी कहता है कि आप सबसे महत्वपूर्ण हैं। लेकिन उसकी जिंदगी कुछ और कहानी सुना रही होती है। और यही विरोधाभास इंसान को अंदर से तोड़ देता

है। क्योंकि वह समझ नहीं पाता कि उसे किस पर विश्वास करना चाहिए — उन शब्दों पर जिन्हें उसने कभी सच माना था या उस व्यवहार पर जो हर दिन बदल रहा है।

Psychology में इसे **Cognitive Dissonance** कहा जाता है। जब हमारा दिल और दिमाग दो अलग-अलग बातें मानने लगते हैं। दिल पुराने वादों को याद करता है, जबकि दिमाग वर्तमान की सच्चाई देखता है। यही संघर्ष इंसान को सबसे ज्यादा थका देता है। वह हर दिन खुद को समझाता है, हर दिन उम्मीद करता है और हर दिन थोड़ा-थोड़ा टूटता है।

"सबसे ज्यादा दर्द किसी के दूर जाने से नहीं होता, सबसे ज्यादा दर्द तब होता है जब कोई पास रहकर भी हमें अहमियत देना छोड़ दे।"

धीरे-धीरे इंसान शिकायत करना छोड़ देता है। वह सवाल पूछना छोड़ देता है। क्योंकि उसे लगता है कि अगर वह अपनी तकलीफ बताएगा, तो शायद उसे जरूरत से ज्यादा Expectation रखने वाला कह दिया जाएगा। इसलिए वह चुप रहना सीख जाता है। लेकिन उसकी चुप्पी के पीछे हजारों अधूरे सवाल होते हैं। वह हर रात सोचता है कि अगर मैं उसकी Priority हूँ, तो मुझे हमेशा इंतजार क्यों करना पड़ता है? अगर मैं इतना महत्वपूर्ण हूँ, तो मेरी भावनाएँ हमेशा सबसे आखिर में क्यों आती हैं? और शायद इन्हीं सवालों के बीच रिश्ता धीरे-धीरे कमजोर होने लगता है।

"कुछ रिश्ते दूरी से नहीं टूटते, वे तब टूटते हैं जब एक इंसान कोशिश करना छोड़ देता है और दूसरा इंतजार।"

समय के साथ इंसान समझ जाता है कि जो लोग सच में हमें अपनी Priority मानते हैं, उन्हें बार-बार यह कहने की जरूरत नहीं पड़ती। उनका व्यवहार खुद यह साबित कर देता है। वे हमारी भावनाओं को महत्व देते हैं। हमारे लिए समय निकालते हैं। हमें यह महसूस कराते हैं कि हम उनकी जिंदगी में मायने रखते हैं। लेकिन जो लोग सिर्फ शब्दों में Priority देते हैं, वे अक्सर हमें उम्मीद देकर अकेला छोड़ जाते हैं।

तब समझ आता है कि Priority होना और Priority कहलाना दो अलग-अलग बातें हैं। एक दिल को सुकून देता है। और दूसरा सिर्फ कुछ समय के लिए भ्रम।

"कई बार हम किसी की Priority नहीं होते, हम सिर्फ उसकी सुविधा के समय याद आने वाले इंसान होते हैं।"

शायद यही वजह है कि "तुम ही मेरी **Priority** हो" रिश्तों का इतना दर्दनाक झूठ बन जाता है। क्योंकि यह किसी इंसान को सिर्फ उम्मीद नहीं देता, बल्कि उसे यह विश्वास भी दिला देता है कि उसकी जगह सबसे ऊपर है। और जब वही इंसान खुद को सबसे आखिर में खड़ा पाता है, तो उसका दिल सिर्फ टूटता नहीं... वह हमेशा के लिए बदल जाता है।

निष्कर्ष

"तुम ही मेरी **Priority** हो" सुनने में एक बहुत सुंदर वाक्य है, लेकिन अगर इसके पीछे सच्चाई और निभाने की नीयत न हो, तो यह रिश्तों का सबसे दर्दनाक झूठ बन सकता है। क्योंकि असली Priority शब्दों में नहीं, व्यवहार में दिखाई देती है। दर्द इस बात का नहीं था कि तुम व्यस्त थे... दर्द इस बात का था कि तुम्हारी जिंदगी में मेरे लिए कभी उतना समय नहीं था जितना तुम्हारे शब्दों में था।

"रिश्तों का सबसे कड़वा सच यही है कि कुछ लोग हमें अपनी Priority बताते रहते हैं, जबकि उनकी जिंदगी में हमारी बारी कभी आती ही नहीं।"

20

मुझे थोड़ा Space चाहिए

रिश्तों में कुछ झूठ ऐसे होते हैं जो सीधे अलविदा नहीं कहते, लेकिन धीरे-धीरे अलविदा की तरफ ले जाने लगते हैं। "मुझे थोड़ा Space चाहिए" ऐसा ही एक झूठ है। यह वाक्य सुनने में बहुत सामान्य लगता है। कई बार यह सच भी होता है, क्योंकि हर इंसान को अपनी जिंदगी, अपने विचारों और अपनी भावनाओं के लिए थोड़ा निजी समय चाहिए होता है। लेकिन कई रिश्तों में यही वाक्य एक बहाना बन जाता है। एक ऐसा बहाना जिसके पीछे छुपकर लोग धीरे-धीरे दूर होने लगते हैं, जबकि सामने वाला अब भी रिश्ते को बचाने की कोशिश कर रहा होता है।

जब कोई इंसान पहली बार कहता है, "मुझे थोड़ा Space चाहिए," तो सामने वाला अक्सर डर जाता है। वह सोचने लगता है कि आखिर ऐसा क्या हुआ कि अब दूरी की जरूरत पड़ गई। वह अपने हर शब्द, हर व्यवहार और हर गलती को याद करने लगता है। उसे लगता है कि शायद उससे कुछ गलत हो गया है। शायद उसने जरूरत से ज्यादा प्यार कर लिया। शायद उसने जरूरत से ज्यादा उम्मीद कर ली। और इसी सोच में वह खुद को दोष देना शुरू कर देता है।

Psychology कहती है कि जब हम किसी से भावनात्मक रूप से जुड़ जाते हैं, तो उसकी दूरी हमें सिर्फ शारीरिक दूरी नहीं लगती। वह हमारे अंदर असुरक्षा, डर और अकेलेपन का एहसास भी पैदा करती है। यही कारण है कि जब कोई अचानक Space की बात करता है, तो सामने वाला सिर्फ दूरी नहीं महसूस करता, वह अपने रिश्ते को खतरे में महसूस करने लगता है।

"कुछ दूरियाँ कदमों की नहीं होतीं, कुछ दूरियाँ दिलों की होती हैं... और वही सबसे ज्यादा दर्द देती हैं।"

शुरुआत में इंसान सामने वाले की बात मान लेता है। वह सोचता है कि शायद उसे सच में समय चाहिए। शायद कुछ दिनों बाद सब पहले जैसा हो जाएगा। वह खुद को समझाता है कि प्यार का मतलब सिर्फ साथ रहना नहीं, सामने वाले को उसकी जरूरत का समय देना भी होता है। इसलिए वह पीछे हट जाता है। वह इंतजार करने लगता है।

लेकिन धीरे-धीरे उसे महसूस होने लगता है कि यह Space सिर्फ दूरी नहीं बन रही, यह रिश्ते को खत्म कर रही है। पहले बातें कम होती हैं। फिर हालचाल पूछना कम हो जाता है। फिर मुलाकातें बंद हो जाती हैं। और एक दिन ऐसा आता है जब दोनों के बीच सिर्फ खामोशी बचती है।

तब दिल सवाल पूछता है। अगर सिर्फ Space चाहिए था... तो इतनी दूरी क्यों आ गई? अगर सिर्फ समय चाहिए था... तो रिश्ता इतना कमजोर क्यों हो गया?

"जो लोग वापस आने वाले होते हैं, वे दूरी बनाते हैं... जो जाने वाले होते हैं, वे बहाने बनाते हैं।"

सबसे ज्यादा दर्द तब होता है जब एक इंसान इंतजार करता रहता है और दूसरा धीरे-धीरे आगे बढ़ जाता है। एक तरफ कोई हर दिन उम्मीद लेकर उठता है कि शायद आज सब पहले जैसा हो जाएगा। और दूसरी तरफ कोई उसी रिश्ते से भावनात्मक रूप से बाहर निकल चुका होता है।

यही कारण है कि कई बार **"मुझे थोड़ा Space चाहिए"** सिर्फ एक वाक्य नहीं होता। यह एक धीरे-धीरे बोला गया अलविदा होता है। एक ऐसा अलविदा जिसमें विदाई के शब्द नहीं होते। लेकिन जाने की तैयारी पूरी होती है।

Psychology में इसे **Gradual Withdrawal** कहा जाता है। जब कोई व्यक्ति सीधे रिश्ता खत्म करने की हिम्मत नहीं जुटा पाता, तो वह धीरे-धीरे अपनी मौजूदगी कम करने लगता है। वह कम बात करता है, कम समय देता है

और कम भावनात्मक रूप से जुड़ता है। बाहर से वह सिर्फ Space माँगता हुआ दिखाई देता है, लेकिन अंदर ही अंदर वह रिश्ता छोड़ रहा होता है।

"सबसे दर्दनाक विदाई वह नहीं होती जिसमें कोई अलविदा कह दे... सबसे दर्दनाक विदाई वह होती है जिसमें कोई धीरे-धीरे अजनबी बन जाए।"

धीरे-धीरे इंतजार करने वाला इंसान बदलने लगता है। वह हर Notification पर फोन देखने लगता है। हर Message की उम्मीद करने लगता है। हर दिन खुद को समझाने लगता है कि शायद सामने वाला अभी भी लौट आएगा। लेकिन समय बीतता रहता है और उम्मीदें थकने लगती हैं। एक दिन उसे एहसास होता है कि वह सिर्फ किसी इंसान का इंतजार नहीं कर रहा था। वह उन वादों का इंतजार कर रहा था जो कभी पूरे नहीं होने थे। वह उस रिश्ते का इंतजार कर रहा था जो शायद पहले ही खत्म हो चुका था।

"कुछ लोग हमें छोड़कर नहीं जाते, वे हमें इंतजार में छोड़ देते हैं... और वही इंतजार सबसे ज्यादा तोड़ता है।"

सच्चाई यह है कि हर बार Space माँगना झूठ नहीं होता। हर इंसान को कभी-कभी अपने लिए समय चाहिए होता है। लेकिन जब Space की आड़ में भावनाएँ खत्म की जाने लगें, जब बातचीत की जगह खामोशी ले ले और जब रिश्ते की जगह दूरी ले ले, तब यह सिर्फ Space नहीं रह जाता।

तब यह एक ऐसा झूठ बन जाता है जो सामने वाले को उम्मीद के सहारे बाँधे रखता है, जबकि सच्चाई कहीं और जा चुकी होती है। जो लोग सच में लौटना चाहते हैं, वे रास्ता नहीं भूलते। जो लोग सच में प्यार करते हैं, वे दूरी के बाद भी कोशिश करना नहीं छोड़ते। लेकिन जो सिर्फ जाना चाहते हैं, वे अक्सर यही कहते हैं — "मुझे थोड़ा Space चाहिए।"

"प्यार में दूरी बुरी नहीं होती, लेकिन वह दूरी बुरी होती है जिसके पीछे लौटने की नीयत ही न हो।"

समय के साथ इंसान यह समझ जाता है कि किसी का थोड़ा दूर होना हमेशा रिश्ते का अंत नहीं होता। लेकिन जब दूरी के साथ परवाह भी खत्म होने लगे, तब समझ लेना चाहिए कि समस्या Space की नहीं, भावनाओं की है। और शायद यही वजह है कि यह वाक्य इतने लोगों के लिए दर्द की वजह बन जाता है। क्योंकि वे Space नहीं खोते। वे उस इंसान को खो देते हैं जिसे वे अपना समझते थे।

निष्कर्ष

"मुझे थोड़ा Space चाहिए" हमेशा झूठ नहीं होता। कई बार यह एक इंसान की मानसिक और भावनात्मक जरूरत भी होती है। लेकिन जब इसका इस्तेमाल रिश्ते से धीरे-धीरे बाहर निकलने, जिम्मेदारियों से बचने और सामने वाले को उम्मीद में बाँधे रखने के लिए किया जाए, तब यह रिश्तों का एक बहुत दर्दनाक झूठ बन जाता है।

क्योंकि सच्चा प्यार दूरी से नहीं डरता। सच्चा प्यार खामोशी में भी रास्ता ढूँढ लेता है। लेकिन झूठा प्यार अक्सर Space के नाम पर दूर चला जाता है। दर्द इस बात का नहीं था कि तुम्हें Space चाहिए था... दर्द इस बात का था कि उस Space में मेरे लिए कोई जगह बची ही नहीं।

"रिश्तों का सबसे दुखद सच यही है कि कई बार लोग हमें छोड़ते नहीं, बस इतना दूर चले जाते हैं कि हम खुद ही समझ जाएँ कि अब लौटकर कोई नहीं आने वाला।"

21

समस्या तुम नहीं, मैं हूँ

रिश्तों में कुछ झूठ ऐसे होते हैं जो सुनने में बहुत सभ्य, बहुत समझदार और बहुत संवेदनशील लगते हैं, लेकिन उनके पीछे छुपा दर्द बहुत गहरा होता है। **"समस्या तुम नहीं, मैं हूँ"** ऐसा ही एक झूठ है। यह वह वाक्य है जो अक्सर तब बोला जाता है जब कोई इंसान रिश्ते से बाहर निकलना चाहता है, लेकिन उसके पास सच बोलने की हिम्मत नहीं होती। वह सामने वाले को चोट तो पहुँचाना चाहता है, लेकिन खुद को गलत भी नहीं दिखाना चाहता। इसलिए वह सारी गलती अपने ऊपर ले लेता है। सुनने में यह त्याग जैसा लगता है, लेकिन कई बार यह सिर्फ सच्चाई से बचने का एक आसान तरीका होता है।

जब कोई इंसान यह कहता है — **"समस्या तुम नहीं, मैं हूँ,"** तो सामने वाला पहले तो चुप हो जाता है। उसे समझ नहीं आता कि आखिर जवाब क्या दे। क्योंकि अगर समस्या वह नहीं है, तो फिर रिश्ता क्यों खत्म हो रहा है? अगर प्यार सच था, तो फिर कोशिश क्यों नहीं हो रही? अगर साथ निभाने का वादा था, तो फिर इतनी आसानी से हार क्यों मानी जा रही है?

यही वे सवाल हैं जो दिल को सबसे ज्यादा परेशान करते हैं।

क्योंकि यह वाक्य जवाब कम और उलझन ज्यादा देता है।

"कुछ लोग सच बोलकर दिल नहीं तोड़ते, वे अधूरी सच्चाई बोलकर इंसान को उम्रभर सोचने पर मजबूर कर देते हैं।"

शुरुआत में इंसान इस बात को समझने की कोशिश करता है। वह सोचता है कि शायद सामने वाला किसी मुश्किल दौर से गुजर रहा होगा। शायद उसे सच में खुद को समझने के लिए समय चाहिए। शायद वह मानसिक रूप से परेशान होगा। क्योंकि प्यार करने वाला इंसान हमेशा सामने वाले के लिए बहाने ढूँढता है। वह यह नहीं मानना चाहता कि शायद सामने वाला अब उससे प्यार नहीं करता।

लेकिन समय के साथ उसे एहसास होने लगता है कि यह वाक्य कई बार सिर्फ एक पर्दा होता है। एक ऐसा पर्दा जिसके पीछे असली वजह छुपी होती है।

कभी बदलती हुई भावनाएँ।

कभी खत्म हो चुका प्यार।

कभी कोई नया रिश्ता।

और कभी सिर्फ साथ न निभाने की इच्छा। लेकिन सच बोलने के बजाय लोग कहते हैं — "समस्या तुम नहीं, मैं हूँ।"

"सबसे ज्यादा दर्द तब होता है जब कोई हमें छोड़ तो देता है, लेकिन जाने की असली वजह भी नहीं बताता।"

Psychology कहती है कि इंसान को सबसे ज्यादा तकलीफ दर्द से नहीं होती, बल्कि अनिश्चितता से होती है। जब उसे यह पता ही न हो कि आखिर रिश्ता क्यों टूटा, तो उसका दिमाग बार-बार जवाब ढूँढने की कोशिश करता है। वह हर पुरानी बात को याद करता है। हर बातचीत को दोबारा सोचता है। हर गलती को खोजने लगता है।

और धीरे-धीरे वह खुद को दोष देने लगता है। हालाँकि सामने वाले ने कहा था कि समस्या तुम नहीं हो। फिर भी वह खुद को ही दोषी मानने लगता है। क्योंकि दिल को किसी न किसी वजह की जरूरत होती है।

"जब रिश्ते बिना वजह खत्म होते हैं, तो इंसान खुद को वजह मानने लगता है।"

धीरे-धीरे वह अपने अंदर झाँकना शुरू करता है। उसे लगने लगता है कि शायद वह अच्छा नहीं था। शायद उसने कम प्यार किया। शायद उसने ज्यादा उम्मीद की। शायद उसकी ही कोई कमी थी। और यही इस झूठ की सबसे खतरनाक बात है। यह सामने वाले को दोषी महसूस नहीं होने देता। लेकिन सुनने वाले को अंदर से

तोड़ देता है। क्योंकि वह बार-बार खुद को बदलने की कोशिश करता है उस गलती के लिए जो शायद कभी उसकी थी ही नहीं।

Psychology में इसे **Self-Blame Cycle** कहा जाता है। जब किसी रिश्ते के टूटने के बाद इंसान सारी जिम्मेदारी अपने ऊपर ले लेता है। वह हर बात में अपनी कमी ढूँढता है। और धीरे-धीरे उसका आत्मविश्वास कमजोर होने लगता है।

"कुछ लोग हमें छोड़कर चले जाते हैं, लेकिन जाते-जाते हमें हमारी ही नजरों में छोटा कर जाते हैं।"

सबसे दुखद बात यह होती है कि कई बार यह वाक्य बोलने वाला इंसान कुछ समय बाद बिल्कुल ठीक दिखाई देता है। वह आगे बढ़ जाता है। नई खुशियाँ ढूँढ लेता है। नई शुरुआत कर लेता है। और तब पीछे छूट गया इंसान सोचता है कि अगर समस्या सच में वही था, तो वह इतनी जल्दी ठीक कैसे हो गया?

यहीं जाकर सच्चाई समझ आने लगती है। समस्या शायद वह कभी था ही नहीं। समस्या सिर्फ इतनी थी कि सामने वाला अब साथ नहीं रहना चाहता था। लेकिन वह यह सच बोल नहीं पाया।

"कई बार लोग हमें इसलिए नहीं छोड़ते क्योंकि हम गलत होते हैं, वे हमें इसलिए छोड़ते हैं क्योंकि उनकी भावनाएँ बदल चुकी होती हैं।"

समय बीतता है। दर्द थोड़ा कम होने लगता है। इंसान धीरे-धीरे खुद को दोबारा जोड़ना सीखता है। लेकिन उसके दिल में हमेशा एक सवाल रह जाता है।

अगर समस्या मैं नहीं था... तो फिर तुम रुके क्यों नहीं?

अगर प्यार था... तो तुमने लड़ाई क्यों नहीं लड़ी?

अगर रिश्ता इतना महत्वपूर्ण था... तो तुमने उसे बचाने की कोशिश क्यों नहीं की?

और शायद इन सवालों का जवाब कभी नहीं मिलता।

"कुछ रिश्ते इसलिए नहीं टूटते कि प्यार खत्म हो जाता है, कुछ रिश्ते इसलिए टूटते हैं क्योंकि सच बोलने की हिम्मत खत्म हो जाती है।"

धीरे-धीरे इंसान समझने लगता है कि जो लोग सच में ईमानदार होते हैं, वे मुश्किल सच्चाइयाँ भी बोलते हैं। वे यह नहीं छुपाते कि उनकी भावनाएँ बदल गई हैं। वे सामने वाले को अधूरी बातों और अधूरे जवाबों के साथ नहीं छोड़ते।

क्योंकि सच्चाई चाहे जितनी दर्दनाक हो, वह भ्रम से बेहतर होती है। और शायद यही कारण है कि "समस्या तुम नहीं, मैं हूँ" रिश्तों का इतना दर्दनाक झूठ बन जाता है। क्योंकि यह रिश्ता खत्म तो कर देता है, लेकिन दर्द को खत्म नहीं होने देता।

निष्कर्ष

"समस्या तुम नहीं, मैं हूँ" हमेशा झूठ नहीं होता। कभी-कभी सच में इंसान अपने अंदर की लड़ाइयों से गुजर रहा होता है। लेकिन जब इस वाक्य का इस्तेमाल असली वजह छुपाने, जिम्मेदारी से बचने और सामने वाले को अधूरी सच्चाई देकर छोड़ने के लिए किया जाए, तब यह रिश्तों का एक बहुत दर्दनाक झूठ बन जाता है।

क्योंकि किसी रिश्ते का अंत जितना दर्द नहीं देता, उससे ज्यादा दर्द उस अंत की अनकही वजह देती है। दर्द इस बात का नहीं था कि तुम चले गए... दर्द इस बात का था कि जाते-जाते तुम मुझे यह भी नहीं बता सके कि आखिर मेरी गलती क्या थी।

"रिश्तों का सबसे दुखद सच यही है कि कई बार लोग हमें छोड़ते समय कहते हैं — 'समस्या तुम नहीं, मैं हूँ', जबकि सच्चाई यह होती है कि वे सिर्फ अब हमारे साथ नहीं रहना चाहते।"

22

मैं अभी Relationship के लिए Ready नहीं हूँ

रिश्तों में कुछ झूठ ऐसे होते हैं जो सुनने में बहुत समझदार, बहुत Mature और बहुत सच्चे लगते हैं, लेकिन उनके पीछे छुपा सच अक्सर किसी इंसान का दिल तोड़ देता है। **"मैं अभी Relationship के लिए Ready नहीं हूँ"** ऐसा ही एक झूठ है। जब कोई इंसान यह बात कहता है, तो सामने वाला उसे तुरंत झूठ नहीं मानता। वह उसकी बात पर भरोसा कर लेता है। वह सोचता है कि शायद सच में उसकी जिंदगी में कुछ ऐसी परेशानियाँ हैं जिनकी वजह से वह किसी रिश्ते की जिम्मेदारी नहीं उठा सकता। शायद उसे समय चाहिए। शायद उसे खुद को समझने की जरूरत है। और प्यार करने वाला इंसान उसकी हर बात मान लेता है, क्योंकि प्यार हमेशा सामने वाले के लिए बहाने ढूँढ लेता है।

जब हम किसी से दिल से जुड़ जाते हैं, तो हम उसके हर शब्द को सच मानना चाहते हैं। इसलिए जब कोई कहता है कि **"मैं अभी Relationship के लिए Ready नहीं हूँ,"** तो दिल उसे अलविदा नहीं समझता। वह उसे एक इंतजार समझता है। उसे लगता है कि शायद अभी नहीं, लेकिन कुछ समय बाद सब ठीक हो जाएगा। शायद एक दिन वह वापस आएगा। शायद एक दिन वह कहेगा कि अब वह तैयार है। और यही "शायद" इंसान को सबसे ज्यादा तोड़ता है। क्योंकि वह रिश्ता खत्म होने के बाद भी खत्म नहीं होता। वह उम्मीद बनकर दिल में जिंदा रहता है।

"कुछ लोग हमें छोड़कर नहीं जाते, वे हमें इंतजार में छोड़ जाते हैं... और इंतजार हमेशा जुदाई से ज्यादा दर्द देता है।"

शुरुआत में इंसान खुद को मजबूत दिखाने की कोशिश करता है। वह सामने वाले की बात समझने की कोशिश करता है। वह खुद को समझाता है कि प्यार में धैर्य रखना पड़ता है। वह सोचता है कि अगर उसका प्यार सच्चा है, तो उसे थोड़ा इंतजार कर लेना चाहिए। लेकिन धीरे-धीरे दिन बीतते हैं, फिर हफ्ते, फिर महीने। और उस दौरान सामने वाला इंसान उससे और दूर होता जाता है। उसकी जिंदगी आगे बढ़ने लगती है, जबकि इंतजार करने वाला इंसान वहीं खड़ा रह जाता है। फिर एक दिन उसे पता चलता है कि वही इंसान किसी और के साथ खुश है। वही इंसान जो कहता था कि वह Relationship के लिए Ready नहीं है, अब किसी और के साथ भविष्य की बातें कर रहा है। वही इंसान जो कहता था कि उसे समय चाहिए, अब किसी और को अपना समय दे रहा है। और उसी पल दिल के अंदर कुछ टूट जाता है।

क्योंकि उस दिन पहली बार समझ आता है कि समस्या Relationship नहीं थी। समस्या सिर्फ यह थी कि वह इंसान हमारे साथ Relationship नहीं चाहता था।

"सबसे ज्यादा दर्द तब होता है जब हमें एहसास होता है कि बहाना हालात नहीं थे... बहाना सिर्फ हम थे।"

Psychology कहती है कि इंसान अक्सर सीधा सच बोलने से बचता है। उसे डर होता है कि उसकी बात सामने वाले को चोट पहुँचा सकती है। इसलिए वह ऐसे शब्द चुनता है जो सुनने में नरम लगें। **"मैं अभी Relationship के लिए Ready नहीं हूँ"** भी कई बार ऐसा ही एक वाक्य होता है। यह सीधे-सीधे ना नहीं कहता। यह दरवाजा पूरी तरह बंद भी नहीं करता। यह सिर्फ इतना करता है कि सामने वाले को उम्मीद में जिंदा रखता है।

और उम्मीद एक अजीब चीज़ होती है। वह इंसान को आगे बढ़ने नहीं देती। वह उसे बार-बार पीछे मुड़कर देखने पर मजबूर करती है। वह उसे हर दिन यह सोचने पर मजबूर करती है कि शायद आज कुछ बदल जाए।

"झूठी उम्मीद वह कैद है जिसमें इंसान खुद ही कैदी भी होता है और खुद ही पहरेदार भी।"

धीरे-धीरे इंसान खुद को बदलने लगता है। वह अपनी कमियाँ ढूँढने लगता है। उसे लगता है कि शायद उसमें ही कुछ कमी थी। शायद अगर वह थोड़ा और अच्छा होता, थोड़ा और समझदार होता, थोड़ा और धैर्य रखता, तो सामने वाला उसके साथ रहता। वह खुद को बदलने की कोशिश करता है, लेकिन उसे यह समझ नहीं आता कि कुछ रिश्ते हमारी कमियों की वजह से नहीं टूटते। कुछ रिश्ते इसलिए टूटते हैं क्योंकि सामने वाले की भावनाएँ बदल चुकी होती हैं।

लेकिन यह सच स्वीकार करना आसान नहीं होता। क्योंकि प्यार में इंसान सामने वाले को खोने से पहले खुद को दोष देना शुरू कर देता है।

"जब कोई हमें नहीं चुनता, तो हम अक्सर खुद को ही गलत मान लेते हैं।"

समय के साथ इंसान को यह समझ आने लगता है कि जो लोग सच में साथ रहना चाहते हैं, वे सही समय का इंतजार नहीं करते। वे मुश्किल समय में भी रास्ता ढूँढ लेते हैं। वे परिस्थितियों के पीछे नहीं छुपते। क्योंकि प्यार कभी पूरी तरह तैयार होकर नहीं आता। प्यार तो अधूरी जिंदगी में भी जगह बना लेता है।

लेकिन जो लोग साथ नहीं रहना चाहते, वे अक्सर समय, परिस्थितियों और मजबूरियों के पीछे छुप जाते हैं। और फिर कहते हैं — "मैं अभी Relationship के लिए Ready नहीं हूँ।"

"कुछ लोग हमारे साथ भविष्य नहीं चाहते, लेकिन यह सच बोलने की हिम्मत भी नहीं रखते।"

धीरे-धीरे दिल को यह समझ आने लगता है कि सच्चा प्यार हमेशा ईमानदार होता है। अगर कोई साथ नहीं रहना चाहता, तो उसे साफ-साफ कह देना चाहिए। क्योंकि एक कड़वा सच इंसान को एक बार रुलाता है, लेकिन अधूरी उम्मीद उसे हर दिन रुलाती है। और शायद यही कारण है कि यह झूठ इतना दर्दनाक बन जाता है। क्योंकि यह रिश्ता खत्म तो कर देता है, लेकिन उम्मीद को जिंदा रखता है।

समय बीत जाता है। इंसान आगे बढ़ना सीख जाता है। उसके घाव भरने लगते हैं। लेकिन उसके दिल में हमेशा एक सवाल रह जाता है। अगर तुम सच में Relationship के लिए Ready नहीं थे, तो फिर किसी और के साथ इतनी जल्दी कैसे तैयार हो गए?

और शायद कुछ सवालों के जवाब कभी नहीं मिलते।

"कई बार दिल को दर्द किसी के जाने से नहीं होता, दर्द इस बात से होता है कि वह किसी और के लिए रुक गया।"

शायद यही वजह है कि **"मैं अभी Relationship के लिए Ready नहीं हूँ"** रिश्तों का इतना दर्दनाक झूठ बन जाता है। क्योंकि यह सिर्फ एक वाक्य नहीं होता, यह एक ऐसी उम्मीद होती है जो धीरे-धीरे टूटती है। और धीरे-धीरे टूटने वाली चीज़ें हमेशा ज्यादा दर्द देती हैं।

निष्कर्ष

"मैं अभी Relationship के लिए Ready नहीं हूँ" हमेशा झूठ नहीं होता, लेकिन जब इसका इस्तेमाल किसी को ठुकराने, सच्चाई छुपाने और उम्मीद जिंदा रखने के लिए किया जाए, तब यह रिश्तों का एक बहुत दर्दनाक झूठ बन जाता है। दर्द इस बात का नहीं था कि तुम Ready नहीं थे... दर्द इस बात का था कि तुम किसी और के लिए Ready थे, बस मेरे लिए नहीं।

"रिश्तों का सबसे कड़वा सच यही है कि कई बार लोग प्यार के लिए तैयार होते हैं, लेकिन उस इंसान के लिए नहीं जो उन्हें सबसे ज्यादा प्यार करता है।"

23

हम अच्छे दोस्त रहेंगे

रिश्ते जब टूटते हैं, तो अक्सर उनके साथ कुछ ऐसे वाक्य भी छोड़ जाते हैं जो सुनने में बहुत अच्छे लगते हैं, लेकिन समय के साथ सबसे ज्यादा दर्द देते हैं। "हम अच्छे दोस्त रहेंगे" ऐसा ही एक वाक्य है। जब कोई रिश्ता खत्म होने के कगार पर होता है और सामने वाला यह कहता है कि "हम अच्छे दोस्त रहेंगे," तो पहली नजर में यह बात बहुत समझदारी भरी लगती है। ऐसा लगता है कि भले ही प्यार खत्म हो रहा है, लेकिन अपनापन बना रहेगा। ऐसा लगता है कि भले ही रिश्ता बदल जाएगा, लेकिन इंसान नहीं बदलेगा। लेकिन सच्चाई यह है कि हर प्यार दोस्ती में नहीं बदल सकता। क्योंकि जिस दिल ने किसी को अपनी दुनिया बना लिया हो, वह उसे अचानक सिर्फ एक दोस्त की तरह देखना नहीं सीख सकता।

जब हम किसी से प्यार करते हैं, तो हम उसके साथ सिर्फ बातें नहीं जोड़ते, हम उसके साथ अपनी भावनाएँ, अपने सपने और अपनी आदतें भी जोड़ लेते हैं। उसकी Good Morning हमारी सुबह का हिस्सा बन जाती है। उसकी आवाज़ हमारे दिन की सबसे खूबसूरत चीज़ बन जाती है। उसकी मौजूदगी हमें सुरक्षित महसूस कराती है। ऐसे में जब वही इंसान एक दिन कहता है कि "हम अच्छे दोस्त रहेंगे," तो दिल समझ ही नहीं पाता कि जो रिश्ता कभी इतना खास था, वह अचानक दोस्ती तक कैसे सिमट गया।

शुरुआत में इंसान इस बात को मान लेने की कोशिश करता है। क्योंकि उसके पास कोई दूसरा विकल्प नहीं होता। वह सामने वाले को पूरी तरह खोना नहीं चाहता। उसे लगता है कि अगर प्यार नहीं बचा, तो कम से कम दोस्ती ही बच जाए। कम से कम वह इंसान उसकी जिंदगी में रहेगा तो सही। लेकिन धीरे-धीरे

उसे एहसास होने लगता है कि यह दोस्ती वैसी नहीं है जैसी उसने सोची थी। क्योंकि एक इंसान दोस्ती निभाने की कोशिश कर रहा होता है, जबकि दूसरा अब भी प्यार से बाहर नहीं निकला होता।

"सबसे कठिन रिश्ता वह होता है जहाँ एक इंसान दोस्त बन चुका हो और दूसरा अब भी प्यार में हो।"

Psychology कहती है कि जब कोई रिश्ता खत्म होता है, तो इंसान को उससे भावनात्मक रूप से बाहर आने के लिए समय चाहिए होता है। लेकिन जब रिश्ता खत्म होने के तुरंत बाद दोस्ती की बात की जाती है, तो दिल को आगे बढ़ने का मौका ही नहीं मिलता। इंसान हर दिन उसी व्यक्ति से बात करता है, उसी की खबर रखता है और उसी की मौजूदगी महसूस करता है। बाहर से वह दोस्ती निभा रहा होता है, लेकिन अंदर से वह अब भी उम्मीद कर रहा होता है कि शायद एक दिन सब पहले जैसा हो जाए।

यही उम्मीद धीरे-धीरे सबसे बड़ा दर्द बन जाती है। क्योंकि सामने वाला आगे बढ़ चुका होता है। लेकिन इंतजार करने वाला इंसान अब भी वहीं खड़ा होता है।

"कुछ रिश्ते खत्म नहीं होते, वे बस एक ऐसी उम्मीद में बदल जाते हैं जो कभी पूरी नहीं होती।"

समय के साथ यह दोस्ती और मुश्किल होती जाती है। पहले जो बातें प्यार में होती थीं, अब दोस्ती में होने लगती हैं। पहले जो इंसान सिर्फ आपका था, अब वह आपकी जिंदगी में होते हुए भी आपका नहीं रहता। आप उससे बात तो कर सकते हैं, लेकिन उसे अपना नहीं कह सकते। आप उसकी आवाज़ सुन सकते हैं, लेकिन उसके दिल पर अपना हक नहीं जता सकते। और यही एहसास सबसे ज्यादा तकलीफ देता है।

सबसे दर्दनाक पल तब आता है जब वह इंसान किसी और की बात करना शुरू कर देता है। जब वह किसी और के लिए मुस्कुराने लगता है। जब वह किसी और के साथ अपने भविष्य की बातें करता है। और आपको यह सब एक दोस्त की तरह सुनना पड़ता है। उस समय दिल के अंदर कुछ टूट जाता है। क्योंकि प्यार दोस्ती का रूप नहीं ले पाता। वह सिर्फ दर्द का रूप ले लेता है।

"जिस इंसान के साथ हमने पूरी जिंदगी की कल्पना की हो, उसे किसी और के साथ खुश देखना दोस्ती नहीं, एक परीक्षा होती है।"

*Psychology में इसे **Unresolved Attachment** कहा जाता है। जब रिश्ता खत्म हो जाता है लेकिन भावनाएँ खत्म नहीं होतीं। ऐसे में दोस्ती बनाए रखना कई बार Healing को और मुश्किल बना देता है। इंसान हर दिन पुराने रिश्ते की यादों में जीता रहता है। वह आगे नहीं बढ़ पाता क्योंकि उसका दिल अब भी उसी जगह अटका होता है जहाँ प्यार खत्म हुआ था।*

धीरे-धीरे उसे एहसास होने लगता है कि कुछ रिश्तों को दोस्ती में बदलने की कोशिश करना, उन्हें बचाना नहीं होता। कई बार यह सिर्फ दर्द को लंबा करना होता है। क्योंकि हर रिश्ता दोस्ती के लिए नहीं बना होता। कुछ रिश्ते सिर्फ प्यार के लिए बने होते हैं। और जब प्यार खत्म हो जाता है, तो उनके पास बचाने के लिए कुछ नहीं बचता।

"हर मोहब्बत दोस्ती नहीं बन सकती, क्योंकि कुछ नाम दिल में दोस्त से कहीं ज्यादा जगह रखते हैं।"

समय के साथ इंसान यह समझने लगता है कि कुछ लोगों को खो देना, उन्हें आधा बचाए रखने से बेहतर होता है। क्योंकि अधूरे रिश्ते अक्सर पूरे दर्द देते हैं। वह समझने लगता है कि दोस्ती तब खूबसूरत होती है जब दोनों दिलों में बराबर भावनाएँ हों। लेकिन जहाँ एक इंसान प्यार में हो और दूसरा सिर्फ दोस्ती में, वहाँ रिश्ता संतुलित नहीं रह सकता।

और शायद यही वजह है कि "हम अच्छे दोस्त रहेंगे" इतना दर्दनाक झूठ बन जाता है। क्योंकि यह दिल को उम्मीद देता है कि कुछ बच जाएगा, जबकि सच्चाई यह होती है कि जो सबसे जरूरी था, वह पहले ही खो चुका होता है।

"कई बार अलविदा कहना आसान होता है, लेकिन दोस्त बनकर हर दिन थोड़ा-थोड़ा टूटना बहुत मुश्किल होता है।"

समय बीत जाता है। लोग आगे बढ़ जाते हैं। जिंदगी नई कहानियाँ लिखने लगती है। लेकिन कुछ रिश्ते हमेशा दिल के एक कोने में वैसे ही रह जाते हैं जैसे वे आखिरी बार थे। तब समझ आता है कि कुछ लोगों को दोस्त नहीं बनाया जा सकता, क्योंकि उन्हें हमने कभी दोस्त की तरह चाहा ही नहीं था।

निष्कर्ष

"हम अच्छे दोस्त रहेंगे" सुनने में बहुत सुंदर लगता है, लेकिन जब दिल में प्यार अब भी बाकी हो, तब यह रिश्तों का एक बहुत दर्दनाक झूठ बन जाता है। क्योंकि दोस्ती बराबरी चाहती है, जबकि टूटे हुए प्यार में एक इंसान आगे बढ़ चुका होता है और दूसरा अब भी पीछे छूटा होता है। दर्द इस बात का नहीं था कि रिश्ता खत्म हो गया... दर्द इस बात का था कि तुम दोस्ती देना चाहते थे, जबकि मेरा दिल अब भी प्यार माँग रहा था।

"रिश्तों का सबसे दुखद सच यही है कि कुछ लोग दोस्त बनकर रहना चाहते हैं, लेकिन उनका नाम सुनते ही आज भी किसी का दिल दोस्ती से कहीं ज्यादा महसूस करता है।"

24

मैं तुम्हें भूल नहीं पाऊँगा/पाऊँगी

रिश्ते जब खत्म होते हैं, तब सिर्फ लोग अलग नहीं होते, उनके साथ बहुत सारे वादे, सपने और उम्मीदें भी टूट जाती हैं। लेकिन उन टूटते हुए पलों में कुछ शब्द ऐसे होते हैं जो सुनने वाले को यह एहसास दिलाते हैं कि सब कुछ खत्म नहीं हुआ। उन्हीं शब्दों में से एक है – **"मैं तुम्हें भूल नहीं पाऊँगा"** या **"मैं तुम्हें भूल नहीं पाऊँगी।"** यह वाक्य अक्सर आखिरी बातचीत का हिस्सा होता है। जब दो लोग जानते हैं कि अब वे साथ नहीं रहेंगे, तब उनमें से एक यह कह देता है। और दूसरा इंसान उस एक वाक्य को अपने दिल में ऐसे संभालकर रख लेता है जैसे किसी ने उसके टूटे हुए दिल पर मरहम लगा दिया हो। उसे लगता है कि अगर रिश्ता नहीं बचा, तो कम से कम उसकी याद तो हमेशा जिंदा रहेगी।

मोहब्बत की सबसे बड़ी खूबसूरती यही होती है कि वह इंसान को यह विश्वास दिलाती है कि उसकी मौजूदगी किसी की जिंदगी में खास है। इसलिए जब कोई कहता है कि **"मैं तुम्हें भूल नहीं पाऊँगा,"** तो दिल को लगता है कि उसकी मोहब्बत बेकार नहीं गई। उसे लगता है कि चाहे दूरी कितनी भी बढ़ जाए, चाहे जिंदगी कितनी भी बदल जाए, लेकिन उसकी याद किसी के दिल में हमेशा रहेगी। और यही सोच उसे उस दर्द में भी थोड़ा सुकून देती है जिसमें वह अंदर से बिखर रहा होता है।

"टूटे हुए दिल को सबसे ज्यादा सुकून उन वादों से मिलता है जो बाद में सबसे ज्यादा रुलाते हैं।"

शुरुआत में सब कुछ ठीक लगता है। दोनों एक-दूसरे को याद करते हैं। कभी कोई पुरानी तस्वीर देखकर मुस्कुरा देते हैं, कभी कोई पुराना Message पढ़कर आँखें भर आती हैं। कुछ दिनों तक ऐसा लगता है कि शायद रिश्ता खत्म हुआ है, लेकिन भावनाएँ अब भी जिंदा हैं। और इसी वजह से वह इंसान जो पीछे छूट गया है, उम्मीद नहीं छोड़ता। वह सोचता है कि शायद सामने वाला भी उसकी तरह हर रात उसे याद करता होगा। शायद वह भी किसी गाने में उसकी आवाज़ ढूँढता होगा। शायद वह भी किसी भीड़ में उसका चेहरा तलाशता होगा।

लेकिन समय का सच बहुत अलग होता है। समय किसी का इंतजार नहीं करता। वह लोगों को बदल देता है, उनकी प्राथमिकताएँ बदल देता है, उनकी दुनिया बदल देता है और धीरे-धीरे उनकी यादों का मतलब भी बदल देता है।

"समय जख्म भर देता है, लेकिन कुछ लोगों को भी साथ ले जाता है।"

एक दिन वह इंसान, जिसने कहा था कि वह कभी नहीं भूलेगा, अपनी जिंदगी में आगे बढ़ जाता है। उसकी दुनिया में नए लोग आ जाते हैं। नई बातें, नए सपने और नई मुस्कानें उसकी जिंदगी का हिस्सा बन जाती हैं। और दूसरी तरफ कोई ऐसा भी होता है जो अब भी पुरानी यादों में जी रहा होता है। वह अब भी कुछ तारीखों को याद रखता है। वह अब भी कुछ जगहों पर जाकर उदास हो जाता है। वह अब भी रात को सोने से पहले उस इंसान के बारे में सोचता है जिसने कहा था कि वह उसे कभी नहीं भूलेगा।

सबसे ज्यादा दर्द तब होता है जब एक दिन यह एहसास होता है कि शायद वह इंसान सच में आगे बढ़ चुका है। शायद अब उसे हमारी याद पहले जैसी नहीं आती। शायद अब हमारी कमी उसे पहले जैसी महसूस नहीं होती। और शायद अब हमारी जगह उसकी जिंदगी में कोई और ले चुका है।

"दर्द जुदाई का नहीं था... दर्द इस बात का था कि मैं आज भी वहीं था और तुम बहुत आगे निकल चुके थे।"

Psychology कहती है कि जब कोई रिश्ता खत्म होता है, तो दोनों लोग एक जैसी गति से आगे नहीं बढ़ते। कोई जल्दी संभल जाता है, कोई बहुत देर तक टूटता रहता है। लेकिन जो इंसान उस वाक्य पर भरोसा कर लेता है — **"मैं तुम्हें भूल नहीं पाऊँगा"** — वह अक्सर अपने दर्द को छोड़ नहीं पाता। क्योंकि उसके अंदर कहीं न कहीं यह उम्मीद जिंदा रहती है कि अगर सामने वाला उसे नहीं भूला, तो शायद एक दिन वह लौट भी आएगा।

यही उम्मीद धीरे-धीरे सबसे बड़ी कैद बन जाती है। वह इंसान को आगे बढ़ने नहीं देती। वह उसे अतीत में बाँधे रखती है। वह हर दिन उसे पुराने पलों में वापस ले जाती है।

"कुछ लोग चले जाते हैं, लेकिन उनकी याद नहीं... और कई बार वही याद सबसे बड़ा दर्द बन जाती है।"

धीरे-धीरे इंसान समझने लगता है कि भूलना हमेशा यादों का खत्म होना नहीं होता। कई लोग हमें याद रखते हैं, लेकिन हमारे बिना जीना सीख जाते हैं। कई लोग हमारे नाम को अपने दिल में रखते हैं, लेकिन हमारी जगह अपनी जिंदगी में नहीं रखते। और शायद यही प्यार का सबसे कड़वा सच है। क्योंकि जिसे हम हमेशा का वादा समझ लेते हैं, वह कई बार सिर्फ उस पल की भावना होती है।

सबसे दुखद बात यह है कि जाते समय बोले गए ये शब्द उस समय बहुत सुकून देते हैं, लेकिन बाद में वही शब्द सबसे ज्यादा चुभते हैं। क्योंकि हर बार जब हम सामने वाले को आगे बढ़ते हुए देखते हैं, तो हमें उसका वह वादा याद आता है। हर बार जब हम उसकी नई जिंदगी देखते हैं, तो हमारे कानों में वही आवाज़ गूंजती है — **"मैं तुम्हें भूल नहीं पाऊँगा।"**

"कुछ वादे टूटने के लिए नहीं होते, वे बस समय के साथ अपने आप झूठ साबित हो जाते हैं।"

और शायद यही वजह है कि यह रिश्तों का इतना दर्दनाक झूठ बन जाता है। क्योंकि यह किसी टूटे हुए इंसान को उम्मीद देता है कि उसकी जगह हमेशा किसी के दिल में रहेगी। लेकिन जब वही इंसान एक दिन यह देखता है कि उसकी जगह किसी और ने ले ली है, तब उसे एहसास होता है कि कुछ लोग हमें भूलते नहीं, लेकिन हमारी कमी के बिना जीना सीख जाते हैं।

निष्कर्ष

"मैं तुम्हें भूल नहीं पाऊँगा/पाऊँगी" सुनने में एक बहुत खूबसूरत वाक्य लगता है। जब कोई इंसान टूटे हुए दिल के साथ यह बात सुनता है, तो उसे लगता है कि भले ही उसका प्यार अधूरा रह गया, लेकिन उसकी अहमियत कभी कम नहीं होगी। उसे लगता है कि वह हमेशा किसी की यादों का हिस्सा बना रहेगा। लेकिन सच्चाई यह है कि जिंदगी किसी के लिए रुकती नहीं। लोग बदलते हैं, हालात बदलते हैं और समय के साथ यादों की जगह भी बदल जाती है।

इसका मतलब यह नहीं कि हर इंसान झूठ बोलता है। कई लोग सच में किसी को कभी पूरी तरह नहीं भूलते। वे सालों बाद भी किसी नाम पर मुस्कुरा देते हैं, किसी तस्वीर को देखकर भावुक हो जाते हैं या किसी गाने में पुराने दिनों को याद कर लेते हैं। लेकिन याद रखना और किसी के लिए रुक जाना, दोनों अलग बातें हैं। यादें दिल में रह सकती हैं, लेकिन जिंदगी फिर भी आगे बढ़ जाती है।

"कुछ लोग हमें भूलते नहीं, लेकिन हमारी कमी के बिना जीना सीख जाते हैं।"

सच्चा प्यार किसी को याद रखने में नहीं, बल्कि उसके साथ बिताए गए पलों की इज्जत करने में होता है। अगर कोई रिश्ता खत्म हो गया है, तो इसका मतलब यह नहीं कि वह झूठा था। लेकिन यह भी सच है कि हर याद हमेशा एक जैसी नहीं रहती। समय के साथ कुछ यादें धुंधली हो जाती हैं और कुछ सिर्फ दिल के किसी कोने में रह जाती हैं। दर्द इस बात का नहीं था कि तुम मुझे भूल गए... दर्द इस बात का था कि मैंने तुम्हारे उस एक वाक्य पर अपना पूरा भविष्य टिका दिया था।

"रिश्तों का सबसे दुखद सच यही है कि कुछ लोग हमारी कहानी का सबसे खूबसूरत हिस्सा होते हैं, लेकिन हमारी पूरी कहानी नहीं।"

25

मुझे Time चाहिए

रिश्तों में कुछ झूठ ऐसे होते हैं जो सीधे दिल नहीं तोड़ते, बल्कि धीरे-धीरे इंसान को अंदर से खत्म कर देते हैं। "मुझे Time चाहिए" ऐसा ही एक झूठ है। यह सुनने में बहुत सामान्य लगता है। इसमें न कोई लड़ाई होती है, न कोई बड़ा आरोप और न ही कोई सीधा अलविदा। लेकिन कई बार यह चार शब्द उस दूरी की शुरुआत होते हैं जहाँ से लोग वापस नहीं लौटते। जब कोई इंसान, जो कभी हर दिन आपकी जिंदगी का हिस्सा हुआ करता था, अचानक कहे कि उसे थोड़ा Time चाहिए, तो दिल पहले उसे समझने की कोशिश करता है। वह सोचता है कि शायद सामने वाला किसी परेशानी से गुजर रहा होगा। शायद उसे खुद को समझने के लिए थोड़ा समय चाहिए होगा। शायद कुछ दिनों बाद सब पहले जैसा हो जाएगा। लेकिन कई बार यह "थोड़ा समय" हमेशा की दूरी बन जाता है।

जब हम किसी से प्यार करते हैं, तो हम उसकी खुशी के लिए अपने हिस्से की खुशियाँ भी छोड़ देते हैं। इसलिए जब वह कहता है कि "मुझे Time चाहिए," तो हम उसके लिए पीछे हट जाते हैं। हम सोचते हैं कि अगर कुछ दिन की दूरी उसे सुकून दे सकती है, तो हमें यह स्वीकार कर लेना चाहिए। हम अपने दिल को समझाते हैं कि प्यार में धैर्य रखना जरूरी होता है। लेकिन दिल और दिमाग की लड़ाई यहीं से शुरू हो जाती है। क्योंकि दिमाग कहता है कि उसे समय दो, जबकि दिल हर दिन उसकी कमी महसूस करता है।

"प्यार में सबसे मुश्किल काम किसी का इंतजार करना नहीं होता, सबसे मुश्किल काम यह विश्वास बनाए रखना होता है

कि वह वापस आएगा।"

शुरुआत के कुछ दिन उम्मीद में गुजर जाते हैं। हर Notification पर दिल धड़कता है। हर बार फोन की स्क्रीन जलती है तो लगता है कि शायद उसका Message होगा। हर रात सोने से पहले यही उम्मीद होती है कि शायद कल सब पहले जैसा हो जाएगा। लेकिन दिन बीतते जाते हैं। बातचीत कम होती जाती है। पहले जो इंसान हर छोटी बात साझा करता था, अब उसकी जिंदगी के बारे में कुछ भी पता नहीं चलता। और यही खामोशी धीरे-धीरे दिल को डराने लगती है।

Psychology कहती है कि इंसान को सबसे ज्यादा तकलीफ दर्द से नहीं, बल्कि अनिश्चितता से होती है। जब उसे यह नहीं पता होता कि आगे क्या होने वाला है, तब उसका दिमाग बार-बार उसी बात को सोचता रहता है। यही कारण है कि **"मुझे Time चाहिए"** सुनने वाला इंसान आगे नहीं बढ़ पाता। क्योंकि उसके पास न रिश्ता होता है, न जुदाई। वह दोनों के बीच कहीं अटका रह जाता है।

"कुछ लोग हमें छोड़कर नहीं जाते, वे हमें उम्मीद और खामोशी के बीच छोड़ देते हैं।"

धीरे-धीरे इंतजार उसकी आदत बन जाता है। वह हर दिन खुद को समझाता है कि सामने वाला जरूर किसी मजबूरी में होगा। वह उसकी तरफ से बहाने बनाने लगता है। वह उसके लिए वही संवेदनशीलता दिखाता है जो शायद सामने वाला अब उसके लिए महसूस भी नहीं करता। क्योंकि प्यार करने वाला इंसान आखिरी पल तक सामने वाले को गलत मानने के बजाय खुद को गलत मानता है।

लेकिन समय के साथ कुछ सच्चाइयाँ सामने आने लगती हैं। वह इंसान जो Time माँग रहा था, अब पहले जैसा परेशान नहीं दिखता। वह अपनी जिंदगी में व्यस्त है। वह दोस्तों के साथ हँस रहा है। वह नई चीजों में खुश है। और कई बार तो वह किसी नए इंसान के साथ भी दिखाई देता है। तब पहली बार दिल को एहसास होता है कि शायद उसे Time नहीं चाहिए था। शायद उसे सिर्फ दूरी चाहिए थी। शायद उसे सिर्फ एक ऐसा बहाना चाहिए था जिससे वह बिना सच बोले जा सके।

"दर्द इस बात का नहीं था कि तुम चले गए... दर्द इस बात का था कि तुमने जाने को भी उम्मीद का नाम दे दिया।"

सबसे ज्यादा तकलीफ तब होती है जब इंसान पीछे मुड़कर देखता है और समझता है कि वह महीनों तक एक ऐसे वादे का इंतजार करता रहा जो कभी पूरा होने वाला ही नहीं था। उसने अपनी जिंदगी रोक दी, अपने सपनों को रोक दिया और अपने दिल को एक ऐसे इंसान के लिए संभालकर रखा जो बहुत पहले आगे बढ़ चुका था। उस समय उसे एहसास होता है कि इंतजार हमेशा प्यार की निशानी नहीं होता। कई बार इंतजार सिर्फ दर्द को लंबा करने का तरीका बन जाता है।

Psychology **में इसे Hope Attachment** कहा जाता है। जब इंसान किसी व्यक्ति से ज्यादा उस उम्मीद से जुड़ जाता है कि वह एक दिन लौट आएगा। और यही उम्मीद उसे वास्तविकता स्वीकार करने से रोकती है। वह आगे नहीं बढ़ता क्योंकि उसे लगता है कि कहानी अभी खत्म नहीं हुई। जबकि सच्चाई यह होती है कि कहानी बहुत पहले खत्म हो चुकी होती है।

"कुछ रिश्ते टूटते नहीं, बस एक दिन एहसास हो जाता है कि उन्हें सिर्फ हम ही बचाने की कोशिश कर रहे थे।"

धीरे-धीरे इंसान समझने लगता है कि जो लोग सच में साथ रहना चाहते हैं, वे Time नहीं माँगते, वे साथ मिलकर समस्याओं का हल ढूँढते हैं। वे दूरी को बहाना नहीं बनाते। वे खामोशी को जवाब नहीं बनाते। क्योंकि प्यार में समय की कमी नहीं होती, नीयत की कमी होती है। जो इंसान आपको अपनी जिंदगी में रखना चाहता है, वह सबसे मुश्किल दिनों में भी आपके लिए एक जगह बना लेता है।

लेकिन जो जाना चाहता है, वह अक्सर यही कहता है — **"मुझे Time चाहिए।"**

"कुछ लोग सच बोलकर दिल तोड़ते हैं, और कुछ लोग उम्मीद देकर। उम्मीद वाला दर्द ज्यादा लंबा चलता है।"

समय बीत जाता है। इंसान धीरे-धीरे संभल जाता है। वह सीख जाता है कि हर इंतजार का अंत मिलन नहीं होता। कुछ इंतजार सिर्फ यह सिखाने आते हैं कि अपनी खुशी किसी और की वापसी से जोड़ना सबसे बड़ी भूल होती है। और तब उसे समझ आता है कि शायद उसे कभी Time नहीं चाहिए था। उसे सिर्फ जाना था। और वह चला गया।

निष्कर्ष

"मुझे Time चाहिए" हमेशा झूठ नहीं होता। कभी-कभी इंसान सच में अपने जीवन की उलझनों को समझने के लिए समय चाहता है। लेकिन जब यह वाक्य सच्चाई से बचने, रिश्ते से धीरे-धीरे बाहर निकलने और सामने वाले को उम्मीद में बाँधे रखने के लिए बोला जाए, तब यह रिश्तों का सबसे दर्दनाक झूठ बन जाता है।

क्योंकि सच्चा प्यार दूरी से नहीं डरता। सच्चा प्यार खामोशी के पीछे नहीं छुपता। सच्चा प्यार इंतजार करवाने के बजाय साथ चलना सिखाता है। दर्द इस बात का नहीं था कि तुम्हें Time चाहिए था... दर्द इस बात का था कि तुम्हारे पास मेरे बिना जीने का समय था, लेकिन मेरे साथ रहने का नहीं।

"रिश्तों का सबसे दुखद सच यही है कि कई बार लोग Time नहीं माँगते, वे सिर्फ जाने के लिए एक आसान रास्ता माँगते हैं।"

26

मैं वापस आऊँगा/आऊँगी

जब कोई रिश्ता खत्म होने के करीब होता है, तब अक्सर कुछ ऐसे शब्द बोले जाते हैं जो उस समय टूटे हुए दिल को थोड़ा सुकून देते हैं, लेकिन बाद में वही शब्द सबसे बड़ा दर्द बन जाते हैं। **"मैं वापस आऊँगा"** या **"मैं वापस आऊँगी"** ऐसा ही एक वाक्य है। यह सुनने में एक वादा लगता है, एक उम्मीद लगता है, एक ऐसा भरोसा लगता है जो इंसान को पूरी तरह टूटने नहीं देता। जब कोई अपना जाने लगता है और जाते-जाते यह कहता है कि वह वापस आएगा, तो दिल उस एक बात को पकड़कर बैठ जाता है। उसे लगता है कि यह अंत नहीं है, बस थोड़े समय की दूरी है। उसे लगता है कि एक दिन दरवाजा फिर से खुलेगा, एक दिन फोन फिर बजेगा, एक दिन वही इंसान वापस उसकी जिंदगी में लौट आएगा। और शायद यही उम्मीद इंसान को सबसे ज्यादा तोड़ती है।

जब हम किसी से सच्चा प्यार करते हैं, तो हम उसे खोना नहीं चाहते। इसलिए जब वह जाने की बात करता है, तो हमारा दिल हजारों सवाल पूछता है। लेकिन अगर उसी समय वह कह दे — **"मुझ पर भरोसा करो, मैं वापस आऊँगा,"** तो उन सारे सवालों को कुछ समय के लिए चुप करा दिया जाता है। दिल खुद को समझा लेता है कि अभी रोने की जरूरत नहीं है। अभी उम्मीद बाकी है। अभी कहानी खत्म नहीं हुई है। और यहीं से एक ऐसे इंतजार की शुरुआत होती है जो कभी-कभी महीनों नहीं, सालों तक चलता है।

"कुछ लोग हमारी जिंदगी से जाते समय अपना साथ नहीं छोड़ते, वे हमें उम्मीद का सहारा देकर चले जाते हैं।"

शुरुआत में हर दिन उम्मीद से भरा होता है। हर सुबह यह सोचकर शुरू होती है कि शायद आज उसका Message आएगा। हर रात इस विश्वास के साथ खत्म होती है कि शायद कल वह लौट आएगा। फोन की हर घंटी पर दिल धड़कता है। हर अनजान Notification में उसका नाम ढूँढा जाता है। और धीरे-धीरे इंतजार इंसान की आदत बन जाता है। वह अपनी जिंदगी जी तो रहा होता है, लेकिन उसका एक हिस्सा हमेशा किसी की वापसी का इंतजार कर रहा होता है।

समय बीतता जाता है। दिन हफ्तों में बदल जाते हैं। हफ्ते महीनों में बदल जाते हैं। लेकिन वह इंसान नहीं लौटता। फिर भी दिल उम्मीद नहीं छोड़ता। क्योंकि उसे एक वादा याद रहता है।

"इंतजार की सबसे बड़ी तकलीफ यह नहीं कि कोई नहीं आता, बल्कि यह है कि दिल हर दिन उसके आने की उम्मीद करता है।"

Psychology कहती है कि इंसान अधूरी चीजों को आसानी से नहीं छोड़ पाता। जब कोई कहानी बिना अंत के छोड़ दी जाती है, तो हमारा दिमाग उसे पूरा करने की कोशिश करता रहता है। यही कारण है कि "मैं वापस आऊँगा" सुनने वाला इंसान अक्सर आगे नहीं बढ़ पाता। क्योंकि उसके अंदर कहीं न कहीं यह विश्वास जिंदा रहता है कि यह रिश्ता अभी खत्म नहीं हुआ है। वह नए लोगों को मौका नहीं दे पाता। वह अपने दिल का दरवाजा बंद भी नहीं कर पाता और पूरी तरह खोल भी नहीं पाता। वह सिर्फ इंतजार करता रहता है।

धीरे-धीरे उसे अपने आसपास की दुनिया बदलती हुई दिखाई देती है। लोग आगे बढ़ रहे होते हैं। नई शुरुआत कर रहे होते हैं। नई खुशियाँ ढूँढ रहे होते हैं। लेकिन वह अब भी उसी जगह खड़ा होता है जहाँ किसी ने उससे कहा था — "मैं वापस आऊँगा।"

"कुछ लोग चले जाते हैं, लेकिन उनका इंतजार हमारे अंदर रह जाता है।"

सबसे दर्दनाक पल तब आता है जब एक दिन उसे पता चलता है कि जिस इंसान का वह इंतजार कर रहा था, वह अपनी जिंदगी में बहुत आगे बढ़ चुका है। उसने नए सपने बना लिए हैं। नए लोगों को अपनी दुनिया में जगह दे दी है। शायद उसे अब वह वादा भी याद नहीं होगा जो उसने जाते समय किया था। और उसी पल दिल को पहली बार सच्चाई दिखाई देती है।

उसे एहसास होता है कि शायद वह वादा सच नहीं था।

शायद वह सिर्फ उस समय के आँसू रोकने के लिए कहा गया था।

शायद वह सिर्फ एक आसान विदाई थी।

"दर्द इस बात का नहीं था कि तुम चले गए... दर्द इस बात का था कि तुमने लौटने का वादा किया था।"

कई बार लोग सच में लौटना चाहते हैं, लेकिन हालात उन्हें रोक लेते हैं। लेकिन कई बार लोग सिर्फ इसलिए लौटने का वादा करते हैं ताकि सामने वाला उन्हें रोकने की कोशिश न करे। वे सच बोलने की हिम्मत नहीं जुटा पाते। वे यह नहीं कह पाते कि अब वे वापस नहीं आएँगे। इसलिए वे उम्मीद छोड़ जाते हैं। और वही उम्मीद धीरे-धीरे किसी के दिल की सबसे बड़ी कैद बन जाती है।

Psychology में इसे **False Hope Attachment** कहा जाता है। जब इंसान किसी व्यक्ति से ज्यादा उसकी वापसी की उम्मीद से जुड़ जाता है। वह हर दिन उसी उम्मीद के सहारे जीता है। और जब वह उम्मीद टूटती है, तो सिर्फ एक रिश्ता नहीं टूटता, उसके साथ इंसान का भरोसा भी टूट जाता है।

"कुछ वादे टूटते नहीं, वे धीरे-धीरे इंसान के अंदर मर जाते हैं।"

समय के साथ इंसान यह समझने लगता है कि जो लोग सच में लौटना चाहते हैं, वे लौट आते हैं। उन्हें वादों की जरूरत नहीं पड़ती। उन्हें किसी को सालों तक इंतजार में रखने की जरूरत नहीं पड़ती। उनका प्यार उनके शब्दों से नहीं, उनके कदमों से दिखाई देता है। लेकिन जो लोग सिर्फ उम्मीद देकर चले जाते हैं, वे अक्सर वापस नहीं आते। वे सिर्फ एक अधूरी कहानी छोड़ जाते हैं और एक ऐसा दिल जो हर गुजरते दिन के साथ थोड़ा और थकता जाता है।

धीरे-धीरे इंसान इंतजार करना छोड़ देता है। वह स्वीकार कर लेता है कि कुछ लोग वापस नहीं आते। कुछ वादे पूरे नहीं होते। कुछ कहानियाँ वहीं खत्म हो जाती

हैं जहाँ हमें लगता है कि वे दोबारा शुरू होंगी। और तब उसे समझ आता है कि शायद सबसे बड़ा दर्द किसी के जाने में नहीं था।

सबसे बड़ा दर्द उस उम्मीद में था जो उसके जाने के बाद भी जिंदा रही।

"कुछ लोग लौटकर नहीं आते, लेकिन उनका इंतजार बहुत लंबे समय तक हमारे अंदर जिंदा रहता है।"

निष्करष

"मैं वापस आऊँगा/आऊँगी" सुनने में एक खूबसूरत वादा लगता है, लेकिन जब यह सिर्फ किसी को उम्मीद में बाँधे रखने के लिए बोला जाए, तब यह रिश्तों का सबसे दर्दनाक झूठ बन जाता है। क्योंकि किसी का जाना हमें एक बार रुलाता है, लेकिन उसका लौटने का वादा हमें हर दिन रुलाता है। दर्द इस बात का नहीं था कि तुम चले गए... दर्द इस बात का था कि मैं आज भी वहीं खड़ा था जहाँ तुमने कहा था – 'मैं वापस आऊँगा।'

"रिश्तों का सबसे दुखद सच यही है कि कुछ लोग लौटने का वादा करके जाते हैं, लेकिन लौटकर सिर्फ उनकी यादें आती हैं।"

27

तुम मुझसे बेहतर Deserve करते हो

रिश्तों में कुछ वाक्य ऐसे होते हैं जो सुनने में बहुत त्याग और परवाह से भरे लगते हैं, लेकिन उनके पीछे छुपी सच्चाई अक्सर बिल्कुल अलग होती है। "तुम मुझसे बेहतर Deserve करते हो" ऐसा ही एक वाक्य है। जब कोई इंसान यह कहता है, तो पहली नजर में लगता है कि वह आपकी खुशी के बारे में सोच रहा है। ऐसा लगता है कि उसे अपनी कमियाँ दिखाई दे रही हैं और वह चाहता है कि आपको उससे बेहतर कोई मिले। लेकिन सच्चाई यह है कि ज्यादातर बार जब कोई कहता है — "तुम मुझसे बेहतर Deserve करते हो," तो वह यह नहीं कह रहा होता कि आप बेहतर के हकदार हो। वह अक्सर यह कहना चाहता है कि "मैं तुमसे बेहतर Deserve करता/करती हूँ।"

वह सीधे यह सच नहीं बोल पाता कि उसकी भावनाएँ बदल चुकी हैं। वह यह नहीं कह पाता कि अब वह इस रिश्ते में नहीं रहना चाहता। इसलिए वह एक ऐसा वाक्य चुनता है जो सुनने में अच्छा लगे और जिसमें दोष भी उसके ऊपर न आए। लेकिन सामने वाला इंसान उस समय इस बात को समझ नहीं पाता। वह सच में सोचने लगता है कि शायद उसमें ही कोई कमी है, शायद वह पर्याप्त अच्छा नहीं था, शायद वह उस इंसान को वह खुशी नहीं दे पाया जिसकी उसे जरूरत थी।

"कुछ लोग हमें छोड़ते समय हमारी तारीफ करते हैं, ताकि उनका जाना कम दर्दनाक लगे... लेकिन दर्द फिर भी उतना ही

होता है।"

जब कोई इंसान जिससे हमने सच्चा प्यार किया हो, यह कहता है कि **"तुम मुझसे बेहतर Deserve करते हो,"** तब दिल उसे रोकना चाहता है। वह कहना चाहता है कि मुझे बेहतर नहीं चाहिए, मुझे सिर्फ तुम चाहिए। क्योंकि प्यार में इंसान किसी Perfect इंसान की तलाश नहीं करता, वह उस इंसान की तलाश करता है जिसके साथ वह अपना जीवन बिताना चाहता है। लेकिन सामने वाला शायद बहुत पहले यह फैसला कर चुका होता है कि उसे अब इस रिश्ते में नहीं रहना।

धीरे-धीरे यह एहसास होने लगता है कि यह वाक्य प्यार की वजह से नहीं बोला गया था। यह दूरी बनाने के लिए बोला गया था। यह सच छुपाने के लिए बोला गया था।

"सबसे ज्यादा दर्द तब होता है जब कोई हमें खोने का फैसला कर चुका हो, लेकिन सच बताने की हिम्मत न रखता हो।"

*Psychology कहती है कि इंसान अक्सर किसी को Reject करते समय खुद को अच्छा साबित करने की कोशिश करता है। वह नहीं चाहता कि सामने वाला उसे स्वार्थी समझे। इसलिए वह ऐसे वाक्य बोलता है जो सुनने में बहुत Noble लगते हैं। **"तुम मुझसे बेहतर Deserve करते हो"** भी कई बार ऐसा ही एक Emotional Escape बन जाता है। यह एक ऐसा तरीका है जिसमें इंसान रिश्ता खत्म भी कर देता है और खुद को गलत भी महसूस नहीं होने देता। लेकिन पीछे छूटे हुए इंसान के लिए यह वाक्य एक जहर की तरह काम करता है।*

क्योंकि वह बार-बार सोचता है — अगर मैं बेहतर Deserve करता था... तो तुमने मुझे छोड़ा क्यों? अगर तुम मेरी इतनी परवाह करते थे... तो मुझे टूटने के लिए अकेला क्यों छोड़ दिया?

"कुछ सवालों के जवाब नहीं मिलते, क्योंकि जवाब मिल जाए तो झूठ की परतें उतर जाती हैं।"

समय के साथ इंसान समझने लगता है कि जो लोग सच में हमारी परवाह करते हैं, वे हमें छोड़कर नहीं जाते। वे रिश्ते को बेहतर बनाने की कोशिश करते हैं। वे हमारी कमियों के साथ भी खड़े रहते हैं। लेकिन जो लोग जाना चाहते हैं, वे अक्सर ऐसे शब्दों का सहारा लेते हैं जो सुनने में बहुत अच्छे लगते हैं।

और शायद सबसे कड़वा सच यही है कि — **"तुम मुझसे बेहतर Deserve करते हो"** का मतलब अक्सर यह नहीं होता कि *तुम बेहतर के हकदार हो।*

बल्कि इसका मतलब होता है कि — **"मैं अब तुम्हारे साथ नहीं रहना चाहता/चाहती।"**

"प्यार में सबसे दर्दनाक अलविदा वह नहीं होती जिसमें कोई नफरत से जाए... बल्कि वह होती है जिसमें कोई प्यार का दिखावा करते हुए चला जाए।"

निष्कर्ष

"तुम मुझसे बेहतर Deserve करते हो" सुनने में बहुत सम्मानजनक और समझदारी भरा वाक्य लगता है। लेकिन कई बार यह सिर्फ एक खूबसूरत झूठ होता है, जिसके पीछे रिश्ता छोड़ने की सच्चाई छुपी होती है।

क्योंकि अगर कोई सच में आपकी खुशी चाहता है, तो वह आपको छोड़ने से पहले रिश्ता बचाने की कोशिश करता है। दर्द इस बात का नहीं था कि तुम चले गए... दर्द इस बात का था कि जाते-जाते तुमने यह एहसास दिलाया कि मैं तुम्हारे लिए काफी नहीं था।

"रिश्तों का सबसे दुखद सच यही है कि जो लोग कहते हैं — 'तुम मुझसे बेहतर Deserve करते हो', वे अक्सर यह कहना चाहते हैं — 'मैं अब तुम्हारे साथ नहीं रहना चाहता।'"

28

तुम बदल रहे हो या मैं

रिश्तों में बोला जाने वाला शायद सबसे आम और सबसे गलत समझा जाने वाला वाक्य है — "तुम बदल गए हो" या "तुम बदल गई हो।" जब कोई रिश्ता पहले जैसा नहीं रहता, जब पहले जैसी बातें नहीं होतीं, जब घंटों चलने वाली बातचीत कुछ मिनटों में खत्म होने लगती है, जब एक-दूसरे के लिए समय कम होने लगता है, तब अक्सर यह वाक्य सुनाई देता है। लेकिन इस वाक्य के पीछे एक ऐसा सच छुपा होता है जिसे बहुत कम लोग स्वीकार करते हैं। लोग हमेशा सामने वाले के बदलाव को देखते हैं, लेकिन अपने बदलाव को नहीं। क्योंकि हर इंसान अपनी कहानी में खुद को सही और सामने वाले को गलत मानने लगता है।

शुरुआत में जब दो लोग एक-दूसरे से जुड़ते हैं, तब सब कुछ बहुत खूबसूरत लगता है। दोनों एक-दूसरे की बातों को ध्यान से सुनते हैं। छोटी-छोटी चीज़ें याद रखते हैं। एक-दूसरे की खुशी में खुश होते हैं और दुख में दुखी। उस समय किसी को कोई कमी दिखाई नहीं देती। लेकिन समय के साथ रिश्ते बदलते हैं। जिम्मेदारियाँ बढ़ती हैं। परिस्थितियाँ बदलती हैं। और इंसान भी बदलता है। यही जिंदगी का नियम है। लेकिन समस्या बदलाव नहीं है। समस्या यह है कि हम सामने वाले का बदलाव तो देख लेते हैं, अपना नहीं।

"रिश्ते अक्सर इसलिए नहीं टूटते क्योंकि लोग बदल जाते हैं, बल्कि इसलिए टूटते हैं क्योंकि वे अपने बदलाव को स्वीकार नहीं करते।"

जब कोई कहता है — "**तुम पहले जैसे नहीं रहे,**" तो वह अक्सर उन दिनों को याद कर रहा होता है जब उसे ज्यादा समय मिलता था, ज्यादा Attention मिलता था, ज्यादा प्यार महसूस होता था। लेकिन वह यह नहीं सोचता कि क्या वह खुद भी पहले जैसा है? क्या उसकी उम्मीदें पहले जैसी हैं? क्या उसका व्यवहार पहले जैसा है? क्या उसने भी कहीं न कहीं अपने प्यार की जगह शिकायतों को नहीं दे दी?

Psychology कहती है कि इंसान में एक आदत होती है जिसे **Self-Serving Bias** कहा जाता है। इसका मतलब है कि हम अपनी गलतियों की वजह परिस्थितियों को मानते हैं, लेकिन सामने वाले की गलतियों की वजह उसके स्वभाव को। यानी अगर हम बदल जाएँ तो हमें लगता है कि हालात की वजह से बदले हैं। लेकिन अगर सामने वाला बदल जाए, तो हमें लगता है कि वह इंसान ही बदल गया है।

यही सोच रिश्तों में सबसे ज्यादा गलतफहमियाँ पैदा करती है।

"हम अक्सर सामने वाले के बदले हुए व्यवहार को देखते हैं, लेकिन उसके पीछे छुपे हुए कारणों को नहीं।"

धीरे-धीरे रिश्ता उस मोड़ पर पहुँच जाता है जहाँ दोनों एक-दूसरे पर आरोप लगाने लगते हैं। एक कहता है — "**तुम पहले जैसे नहीं रहे।**" दूसरा कहता है — "**तुम भी तो बदल गए हो।**" और इसी बहस में कोई यह नहीं पूछता कि आखिर ऐसा हुआ क्यों? कोई यह नहीं समझता कि बदलाव हमेशा बुरा नहीं होता। कई बार इंसान हालात से लड़ते-लड़ते बदल जाता है। कई बार बार-बार टूटने के बाद बदल जाता है। कई बार अनदेखा किए जाने के बाद बदल जाता है।

लेकिन जब प्यार कम और अहंकार ज्यादा हो जाए, तब समझने की जगह आरोप लेने लगते हैं।

"कुछ लोग अचानक नहीं बदलते, वे धीरे-धीरे उन चीज़ों से बदल जाते हैं जिन्हें वे चुपचाप सहते रहते हैं।"

सबसे दुखद बात यह होती है कि हर इंसान अपनी कहानी में खुद को हीरो मानता है। उसे लगता है कि उसने सब कुछ सही किया। उसने पूरा प्यार दिया। उसने पूरी ईमानदारी दिखाई। और अगर रिश्ता बिगड़ा है तो उसकी वजह सिर्फ

सामने वाला है। लेकिन सच्चाई यह है कि कोई भी रिश्ता सिर्फ एक इंसान की वजह से नहीं टूटता। रिश्ते तब टूटते हैं जब दोनों तरफ समझ कम होने लगती है। जब दोनों अपनी-अपनी बात साबित करने में लग जाते हैं। जब दोनों सुनना छोड़ देते हैं। जब दोनों समझने से ज्यादा जीतने की कोशिश करने लगते हैं।

"रिश्तों में सबसे बड़ी हार तब होती है जब दोनों लोग सही साबित हो जाते हैं, लेकिन रिश्ता गलत साबित हो जाता है।"

कई बार इंसान सच में बदलता नहीं है। वह सिर्फ थक जाता है। वह बार-बार समझाने से थक जाता है। बार-बार इंतजार करने से थक जाता है। बार-बार अपनी अहमियत साबित करने से थक जाता है। और जब वह थक जाता है, तब उसका व्यवहार बदल जाता है। लोग उस बदलाव को देखकर कहते हैं — "तुम बदल गए हो।"

लेकिन कोई यह नहीं पूछता कि उसे बदलने पर मजबूर किसने किया।

"हर बदलाव के पीछे बेवफाई नहीं होती, कई बार बहुत ज्यादा दर्द भी किसी इंसान को बदल देता है।"

समय के साथ रिश्ता और कमजोर होने लगता है। दोनों के बीच दूरियाँ बढ़ने लगती हैं। और फिर एक दिन दोनों अपने-अपने दोस्तों से कहते हैं — "वह बहुत बदल गया है।" लेकिन कोई यह नहीं कहता — "शायद मैं भी बदल गया हूँ।"

क्योंकि अपने अंदर झाँकना सबसे मुश्किल काम होता है। दूसरों की गलतियाँ देखना आसान है। अपनी गलतियाँ स्वीकार करना मुश्किल।

Psychology कहती है कि सफल रिश्तों की सबसे बड़ी पहचान यह नहीं होती कि उनमें लड़ाइयाँ नहीं होतीं। बल्कि उनकी सबसे बड़ी पहचान यह होती है कि दोनों लोग अपनी गलतियाँ स्वीकार कर सकते हैं। वे यह मान सकते हैं कि बदलाव सिर्फ सामने वाले में नहीं आया, उनके अंदर भी आया है।

"जिस दिन इंसान यह स्वीकार कर लेता है कि वह भी गलत हो सकता है, उसी दिन रिश्तों की आधी समस्याएँ खत्म हो जाती हैं।"

धीरे-धीरे कुछ रिश्ते टूट जाते हैं। और सालों बाद जब इंसान पीछे मुड़कर देखता है, तो उसे एहसास होता है कि शायद गलती सिर्फ सामने वाले की नहीं थी। शायद वह खुद भी बदल गया था। शायद उसने भी कुछ जगहों पर कोशिश करना छोड़ दिया था। शायद उसने भी कुछ बातें समझने के बजाय सिर्फ महसूस की थीं। तब जाकर उसे समझ आता है कि रिश्तों का सबसे बड़ा झूठ सिर्फ यह नहीं था कि "तुम बदल गए हो।" सबसे बड़ा झूठ यह था कि "**मैं बिल्कुल नहीं बदला।**"

"कहानी में खलनायक हमेशा सामने वाला नहीं होता, कई बार हम भी किसी और की कहानी के खलनायक बन चुके होते हैं।"

और शायद यही इस झूठ की सबसे बड़ी सच्चाई है। क्योंकि रिश्ते सिर्फ प्यार से नहीं चलते, वे आत्मनिरीक्षण से भी चलते हैं। वे इस बात से चलते हैं कि हम खुद को भी उतनी ही ईमानदारी से देखें जितनी ईमानदारी से हम सामने वाले को देखते हैं।

निष्कर्ष

"तुम बदल रहे हो या मैं?" यह सिर्फ एक सवाल नहीं, बल्कि हर रिश्ते का आईना है। क्योंकि बदलाव जिंदगी का हिस्सा है। कोई भी इंसान हमेशा एक जैसा नहीं रह सकता। लेकिन रिश्ते तब टूटते हैं जब हम सिर्फ सामने वाले का बदलाव देखते हैं और अपना नहीं।

सच्चाई यह है कि हर इंसान अपनी कहानी में हीरो होता है। लेकिन एक मजबूत रिश्ता वही होता है जहाँ दोनों लोग यह स्वीकार कर सकें कि उनसे भी गलतियाँ हुई हैं। दर्द इस बात का नहीं था कि तुम बदल गए... दर्द इस बात का था कि हम दोनों बदल गए और किसी ने इसे समय रहते स्वीकार नहीं किया।

"रिश्तों का सबसे कड़वा सच यही है कि लोग हमेशा पूछते हैं — 'तुम बदल गए हो?' लेकिन बहुत कम लोग कभी यह पूछते हैं — 'क्या मैं भी बदल गया हूँ?'"

29

रोता वही है जो प्यार करता है

रिश्तों में एक बहुत कड़वा सच छुपा होता है, जिसे लोग अक्सर देर से समझते हैं। वह सच यह है कि रोता हमेशा वही इंसान है जिसने सच्चा प्यार किया हो। क्योंकि जिस इंसान ने दिल लगाया होता है, जिसने सपने देखे होते हैं, जिसने किसी को अपनी दुनिया बना लिया होता है, टूटता भी वही है। जो सिर्फ समय बिताने आया था, जो सिर्फ अकेलापन दूर करने आया था, जो सिर्फ अपने मतलब तक साथ था, उसके लिए रिश्ता खत्म होना एक घटना हो सकती है। लेकिन जो सच में प्यार करता था, उसके लिए वही रिश्ता उसकी पूरी दुनिया होता है।

अक्सर लोग कहते हैं कि ब्रेकअप दोनों को दर्द देता है। लेकिन सच्चाई यह है कि दर्द की गहराई दोनों के लिए एक जैसी नहीं होती। एक इंसान कुछ दिनों बाद सामान्य हो जाता है, जबकि दूसरा महीनों और सालों तक उसी दर्द के साथ जीता रहता है। क्योंकि प्यार कभी बराबर नहीं होता। किसी एक का दिल हमेशा ज्यादा जुड़ जाता है। किसी एक की भावनाएँ हमेशा ज्यादा गहरी हो जाती हैं। और जब रिश्ता टूटता है, तो सबसे ज्यादा वही इंसान टूटता है जिसने सबसे ज्यादा प्यार किया था।

"रिश्ते के खत्म होने पर दोनों अलग होते हैं, लेकिन टूटता हमेशा वही है जिसने साथ निभाने के सपने देखे थे।"

जब कोई इंसान किसी से सच्चा प्यार करता है, तो वह सिर्फ उस व्यक्ति से नहीं जुड़ता। वह उसके साथ अपने भविष्य को जोड़ देता है। वह सोचता है कि आने वाले सालों में भी वही इंसान उसके साथ होगा। उसकी खुशियों में, उसके दुखों में, उसकी जीत में और उसकी हार में। इसलिए जब वह रिश्ता खत्म होता है, तो सिर्फ एक व्यक्ति नहीं जाता। उसके साथ वे सारे सपने भी चले जाते हैं जो कभी मिलकर देखे गए थे।

यही कारण है कि प्यार करने वाला इंसान रातों को जागता है। वह पुरानी Chats पढ़ता है। पुरानी तस्वीरें देखता है। पुराने वादों को याद करता है। क्योंकि उसके लिए वह रिश्ता सिर्फ एक रिश्ता नहीं था। वह उसकी जिंदगी का हिस्सा था।

"जिसने दिल लगाया होता है, वह इंसान को नहीं खोता... वह अपने सपनों का एक हिस्सा खो देता है।"

Psychology कहती है कि जब हम किसी से भावनात्मक रूप से गहराई से जुड़ जाते हैं, तो हमारा दिमाग उसे हमारी जिंदगी की जरूरत की तरह मानने लगता है। इसलिए जब वह इंसान दूर हो जाता है, तो दिमाग उसी तरह प्रतिक्रिया करता है जैसे कोई जरूरी चीज़ अचानक छिन गई हो। यही कारण है कि प्यार में जुदाई सिर्फ दुख नहीं देती, वह इंसान के पूरे भावनात्मक संतुलन को हिला देती है।

लेकिन सबसे दुखद बात यह होती है कि जाने वाले को अक्सर इसका एहसास भी नहीं होता। उसे नहीं पता होता कि उसके जाने के बाद कोई रात-रात भर जाग रहा है। कोई उसकी Last Seen देख रहा है। कोई उसकी पुरानी तस्वीरों को देखकर रो रहा है। कोई अब भी उसके लौटने की उम्मीद कर रहा है।

"जाने वाले को अक्सर अंदाजा नहीं होता कि उसके जाने के बाद कोई कितना टूट चुका है।"

अक्सर लोग कहते हैं कि मजबूत बनो, आगे बढ़ो, भूल जाओ। लेकिन जो सच में प्यार करता है, उसके लिए यह सब इतना आसान नहीं होता। क्योंकि प्यार कोई किताब का पन्ना नहीं होता जिसे पलट दिया जाए। प्यार एक आदत बन जाता है। और आदतें एक दिन में नहीं छूटतीं।

यही वजह है कि रोता वही है जिसने हर बात को दिल से महसूस किया हो। जिसने हर "I Love You" को सच माना हो। जिसने हर वादे पर भरोसा किया हो।

जिसने हर सपने को अपना समझा हो। क्योंकि जब भरोसा टूटता है, तब सिर्फ रिश्ता नहीं टूटता, इंसान का अंदर का एक हिस्सा भी टूट जाता है।

"आँसू कमजोरी की निशानी नहीं होते, वे इस बात की निशानी होते हैं कि किसी ने प्यार सच्चे दिल से किया था।"

समय बीतता है। लोग आगे बढ़ने लगते हैं। लेकिन प्यार करने वाला इंसान अक्सर वहीं खड़ा रह जाता है जहाँ उसे छोड़ा गया था। वह बार-बार सोचता है कि आखिर ऐसा क्यों हुआ। क्या उसकी मोहब्बत कम थी? क्या उसकी कोशिशें कम थीं? क्या उसने कुछ गलत किया था? और इन्हीं सवालों के बीच वह खुद को दोष देने लगता है।

लेकिन सच्चाई यह होती है कि हर रिश्ता इसलिए नहीं टूटता क्योंकि किसी ने कम प्यार किया। कई रिश्ते इसलिए टूटते हैं क्योंकि एक इंसान प्यार निभाना चाहता है और दूसरा सिर्फ प्यार महसूस करना चाहता है।

"तोड़ने वाले को अक्सर नया रास्ता मिल जाता है, लेकिन निभाने वाला बहुत देर तक उसी मोड़ पर खड़ा रहता है।"

धीरे-धीरे जिंदगी इंसान को सिखा देती है कि हर किसी को वही दर्द महसूस नहीं होता जो हमें हो रहा है। कुछ लोग चले जाते हैं और पीछे मुड़कर नहीं देखते। कुछ लोग आगे बढ़ जाते हैं और पुराने नामों को याद भी नहीं करते। लेकिन जो प्यार करते हैं, वे अक्सर बहुत लंबे समय तक याद रखते हैं।

शायद इसलिए दुनिया में सबसे ज्यादा कविताएँ, सबसे ज्यादा शायरी और सबसे ज्यादा दर्द भरे गीत उन्हीं लोगों ने लिखे हैं जिन्होंने किसी को सच्चे दिल से चाहा था। क्योंकि दर्द वही महसूस करता है जिसने प्यार महसूस किया हो।

"जिस दिल ने सबसे ज्यादा प्यार किया होता है, वही दिल सबसे ज्यादा रोता है।"

समय के साथ आँसू कम हो जाते हैं। दर्द थोड़ा हल्का हो जाता है। लेकिन कुछ नाम, कुछ यादें और कुछ अधूरे सपने हमेशा दिल के किसी कोने में रह जाते हैं। और तब इंसान समझता है कि रोना उसकी हार नहीं था।

रोना इस बात का सबूत था कि उसका प्यार सच्चा था।

निष्कर्ष

"रोता वही है जो प्यार करता है" कोई झूठ नहीं, बल्कि रिश्तों की सबसे दर्दनाक सच्चाइयों में से एक है। क्योंकि जो इंसान दिल से जुड़ता है, वही दिल से टूटता भी है। जाने वाले को शायद ज्यादा फर्क न पड़े, लेकिन रुकने वाले के लिए हर दिन एक नई लड़ाई होती है। दर्द इस बात का नहीं था कि तुम चले गए... दर्द इस बात का था कि तुम्हारे जाने के बाद भी मेरा दिल तुम्हें जाने नहीं दे रहा था।

"रिश्तों का सबसे दुखद सच यही है कि टूटता हमेशा वही इंसान है जिसने आखिरी पल तक रिश्ता बचाने की कोशिश की थी। क्योंकि रोता वही है जो प्यार करता है... और जो प्यार नहीं करता, उसे सिर्फ आगे बढ़ना आता है।"

30

सबसे बड़ा झूठ – "मैं Single हूँ"

आज के समय में रिश्तों में बोला जाने वाला सबसे आम और सबसे खतरनाक झूठ शायद यही है – "मैं **Single** हूँ।" यह सिर्फ एक वाक्य नहीं है, बल्कि कई बार किसी के भरोसे, किसी की मोहब्बत और किसी के पूरे रिश्ते के साथ किया गया धोखा होता है। दुख की बात यह नहीं कि लोग झूठ बोलते हैं, दुख की बात यह है कि लोग यह झूठ तब भी बोलते हैं जब उनकी जिंदगी में पहले से कोई मौजूद होता है। जब कोई उनसे पूछता है – *"क्या तुम्हारी जिंदगी में कोई है?"* तो सच बोलने में क्या जाता है? अगर आप किसी से प्यार करते हो, अगर कोई आपका इंतजार कर रहा है, अगर कोई आपको अपना मान चुका है, तो उसे स्वीकार करने में शर्म कैसी?

लेकिन आज की Generation की सबसे बड़ी समस्या यह है कि बहुत से लोग प्यार में नहीं, विकल्पों में जी रहे हैं। उन्हें हमेशा लगता है कि शायद कहीं कोई और बेहतर मिल जाए। शायद कोई और ज्यादा खूबसूरत हो, ज्यादा समझदार हो, ज्यादा अमीर हो, या ज्यादा रोमांचक हो। और इसी **"Better"** की तलाश में वे उस इंसान की कीमत भूल जाते हैं जो पहले से उनकी जिंदगी में मौजूद होता है।

"लोग अक्सर Best को इसलिए खो देते हैं, क्योंकि उन्हें लगता है कि कहीं कोई Better उनका इंतजार कर रहा है।"

जब कोई इंसान किसी रिश्ते में होते हुए भी खुद को Single बताता है, तो वह सिर्फ एक झूठ नहीं बोल रहा होता। वह यह भी बता रहा होता है कि उसके दिल में अभी भी दरवाजे खुले हुए हैं। वह यह बता रहा होता है कि वह पूरी तरह उस रिश्ते को स्वीकार नहीं कर पाया है। क्योंकि जो इंसान अपने प्यार पर गर्व करता है, उसे दुनिया से छुपाने की जरूरत नहीं पड़ती।

Psychology कहती है कि कुछ लोग Commitment से नहीं, विकल्पों के खत्म हो जाने से डरते हैं। उन्हें लगता है कि अगर उन्होंने एक रिश्ते को पूरी तरह स्वीकार कर लिया, तो शायद वे किसी और बेहतर मौके को खो देंगे। और इसी डर में वे अपने वर्तमान को भी खो देते हैं।

"कुछ लोग अकेले नहीं होते, फिर भी Single कहलाना पसंद करते हैं... क्योंकि उन्हें प्यार से ज्यादा विकल्पों से मोहब्बत होती है।"

शुरुआत में यह झूठ छोटा लगता है। एक Social Media Profile पर "Single" लिख देना, किसी नए इंसान से मिलते समय खुद को Single बताना, या दोस्तों के बीच यह दिखाना कि जिंदगी में कोई नहीं है। लेकिन धीरे-धीरे यही छोटी चीज़ें बड़े सवाल पैदा करने लगती हैं। क्योंकि अगर किसी रिश्ते को छुपाना पड़ रहा है, तो कहीं न कहीं उस रिश्ते को पूरी तरह अपनाया नहीं गया है।

सबसे ज्यादा दर्द तब होता है जब वह इंसान जो किसी का Partner है, किसी और के सामने खुद को Single बताकर नई शुरुआत करने की कोशिश करता है। उस समय पीछे छूटे हुए इंसान को ऐसा लगता है जैसे उसकी पूरी अहमियत कुछ शब्दों में खत्म कर दी गई हो। जैसे उसकी मौजूदगी का कोई मतलब ही नहीं था। जैसे उसका प्यार सिर्फ एक Option था।

"सबसे बड़ा धोखा बेवफाई नहीं होती, सबसे बड़ा धोखा तब होता है जब कोई हमारी मौजूदगी को ही नकार दे।"

कई लोग कहते हैं कि यह सिर्फ एक शब्द है। इससे क्या फर्क पड़ता है? लेकिन सच्चाई यह है कि शब्द ही रिश्तों की नींव बनाते हैं। जब कोई इंसान दुनिया के सामने यह स्वीकार नहीं कर सकता कि उसकी जिंदगी में कोई खास है, तो सवाल सिर्फ शब्दों का नहीं रह जाता। सवाल इरादों का हो जाता है।

क्योंकि प्यार छुपाया नहीं जाता। प्यार निभाया जाता है। और जो प्यार को छुपाने लगे, वह अक्सर उसे खोने की शुरुआत कर चुका होता है।

"जिस रिश्ते को दुनिया से छुपाना पड़े, वह दिल में भी ज्यादा समय तक नहीं टिकता।"

सबसे दुखद बात यह है कि ऐसे लोग अक्सर अपने Partner को यह महसूस कराते रहते हैं कि वह खास है, कि वह उनकी जिंदगी का सबसे महत्वपूर्ण हिस्सा है। लेकिन दूसरी तरफ वे दुनिया के सामने खुद को अकेला दिखाते रहते हैं। और यही दोहरी जिंदगी धीरे-धीरे रिश्ते को अंदर से खोखला कर देती है।

क्योंकि भरोसा सिर्फ वफादारी से नहीं बनता। भरोसा स्वीकार करने से भी बनता है। यह एहसास दिलाने से भी बनता है कि — *"हाँ, यह इंसान मेरी जिंदगी में है और मुझे इस पर गर्व है।"*

"प्यार की सबसे खूबसूरत बात यह नहीं कि कोई हमें चाहता है... बल्कि यह है कि कोई हमें अपना कहने से डरता नहीं है।"

समय के साथ ऐसे रिश्तों में दरारें आने लगती हैं। सवाल बढ़ने लगते हैं। शक बढ़ने लगता है। और फिर एक दिन वही इंसान जो खुद को Single बताता था, सच में अकेला रह जाता है। क्योंकि जिसने उसे दिल से चाहा था, वह यह समझ जाता है कि प्यार में जगह कम नहीं थी, लेकिन ईमानदारी कम थी।

तब जाकर एहसास होता है कि Better की तलाश में उसने Best खो दिया। नए लोगों की तलाश में उसने उस इंसान को खो दिया जो बिना किसी शर्त के उसके साथ खड़ा था।

"कुछ लोग पूरी जिंदगी बेहतर की तलाश में रहते हैं, और जब तक उन्हें एहसास होता है कि सबसे बेहतर कौन था, तब तक बहुत देर हो चुकी होती है।"

और शायद यही कारण है कि **"मैं Single हूँ"** सिर्फ एक झूठ नहीं, बल्कि रिश्तों के प्रति एक सोच बन चुका है। एक ऐसी सोच जो Commitment से ज्यादा Options को महत्व देती है। लेकिन प्यार कभी विकल्पों से नहीं चलता। प्यार

तो उस एक इंसान को चुनने से चलता है, जिसे चुनने के बाद बाकी सारे विकल्प महत्व खो दें।

निष्करष

"मैं Single हूँ" सुनने में एक साधारण वाक्य लग सकता है, लेकिन जब यह किसी रिश्ते में होते हुए बोला जाए, तब यह भरोसे के खिलाफ सबसे बड़ा झूठ बन जाता है।

क्योंकि सच्चा प्यार सिर्फ दिल में नहीं होता। वह हमारे शब्दों में भी दिखाई देता है। हमारे व्यवहार में भी दिखाई देता है। और सबसे ज्यादा हमारी स्वीकार्यता में दिखाई देता है। दर्द इस बात का नहीं था कि तुम्हारी जिंदगी में और लोग थे... दर्द इस बात का था कि तुम्हारी जिंदगी में मैं होते हुए भी तुम खुद को Single कहते रहे।

"रिश्तों का सबसे दुखद सच यही है कि आज लोग प्यार खोने से नहीं डरते, वे विकल्प खोने से डरते हैं।"

"Better की तलाश में लोग अक्सर Best को खो देते हैं... और जब एहसास होता है, तब तक सिर्फ पछतावा बचता है।"

31

वह सिर्फ मेरा दोस्त है

रिश्तों में बोला जाने वाला सबसे विवादित, सबसे आम और कई बार सबसे दर्दनाक झूठ है — "वह सिर्फ मेरा दोस्त है।" यह एक ऐसा वाक्य है जिसे सुनकर कई रिश्ते टूटे हैं, कई भरोसे कमजोर हुए हैं और कई रातें Overthinking में गुज़री हैं। सच्चाई यह है कि हर दोस्ती गलत नहीं होती, हर Male Friend या Female Friend रिश्ते के लिए खतरा नहीं होता। लेकिन समस्या तब शुरू होती है जब "सिर्फ दोस्त" के नाम पर ऐसी नज़दीकियाँ बनने लगती हैं जो रिश्ते में मौजूद Partner को असुरक्षित महसूस कराने लगती हैं।

अक्सर जब किसी रिश्ते में एक इंसान अपने Partner की किसी दोस्ती को लेकर असहज महसूस करता है, तो उसे तुरंत Overthinker, Insecure या Possessive कह दिया जाता है। लेकिन बहुत कम लोग यह समझने की कोशिश करते हैं कि आखिर वह असहज क्यों महसूस कर रहा है। आखिर उसके मन में सवाल क्यों पैदा हो रहे हैं। क्योंकि कई बार समस्या दोस्ती नहीं होती, समस्या वह Priority होती है जो धीरे-धीरे रिश्ते से ज्यादा किसी और को मिलने लगती है।

"रिश्ते दोस्ती से नहीं टूटते, रिश्ते तब टूटते हैं जब दोस्ती रिश्ते से ज्यादा महत्वपूर्ण होने लगती है।"

जब कोई कहता है — "वह सिर्फ मेरा दोस्त है," तो सामने वाला अक्सर उस बात पर भरोसा कर लेता है। क्योंकि प्यार का आधार ही भरोसा होता है। लेकिन समय के साथ अगर वही दोस्त हर बातचीत का हिस्सा बनने लगे, हर समस्या का

समाधान बनने लगे, हर खुशी और हर दुख का पहला साथी बनने लगे, तो दिल सवाल पूछने लगता है। क्योंकि रिश्तों में भावनात्मक दूरी अचानक नहीं आती। वह धीरे-धीरे पैदा होती है, जब किसी और को वह जगह मिलने लगती है जो कभी Partner की हुआ करती थी।

Psychology कहती है कि इंसान सबसे ज्यादा उसी व्यक्ति से जुड़ता है जिसके साथ वह अपनी भावनाएँ सबसे ज्यादा साझा करता है। इसलिए कई बार भावनात्मक जुड़ाव शारीरिक दूरी से भी ज्यादा ताकतवर हो जाता है। यही कारण है कि कई रिश्तों में समस्या किसी तीसरे व्यक्ति की मौजूदगी नहीं होती, बल्कि उस तीसरे व्यक्ति को दी गई भावनात्मक अहमियत होती है।

"दिल अक्सर वहाँ हारता है जहाँ उसे लगता है कि उसकी जगह कोई और ले रहा है।"

सबसे ज्यादा दर्द तब होता है जब Partner बार-बार अपनी तकलीफ बताता है, लेकिन उसकी बात को गंभीरता से नहीं लिया जाता। उसे कहा जाता है — "तुम बेवजह सोच रहे हो।" या "वह सिर्फ मेरा दोस्त है।" लेकिन उसके दिल में जो डर है, वह खत्म नहीं होता। क्योंकि भरोसा सिर्फ शब्दों से नहीं बनता, व्यवहार से बनता है। और जब व्यवहार बदलने लगे, तो शब्द कमजोर पड़ जाते हैं।

धीरे-धीरे वह इंसान खुद को अकेला महसूस करने लगता है। उसे लगता है कि उसकी बातों की अहमियत कम हो रही है। उसकी भावनाओं की कीमत कम हो रही है। और सबसे बड़ी बात, उसे लगता है कि जिस रिश्ते के लिए वह लड़ रहा है, शायद दूसरा इंसान उतनी गंभीरता से नहीं लड़ रहा।

"सबसे बड़ा दर्द किसी तीसरे इंसान का आना नहीं होता, सबसे बड़ा दर्द अपनी जगह कम होती हुई महसूस करना होता है।"

कई बार यह सच होता है कि सामने वाला व्यक्ति सच में सिर्फ दोस्त होता है। लेकिन रिश्ते सिर्फ सच से नहीं चलते, रिश्ते संवेदनशीलता से भी चलते हैं। अगर कोई दोस्ती आपके Partner को बार-बार दुख दे रही है, अगर वह उसके मन में बार-बार असुरक्षा पैदा कर रही है, तो कम से कम उसकी भावनाओं को समझना जरूरी होता है। क्योंकि प्यार का मतलब सिर्फ अपनी आज़ादी नहीं, सामने वाले की भावनाओं की इज्जत भी होता है।

आज की Generation में एक और समस्या बढ़ गई है। लोग Emotional Support के लिए अपने Partner से ज्यादा दूसरों पर निर्भर होने लगे हैं। वे अपनी खुशियाँ, अपने दुख, अपने Secrets और अपनी कमजोरियाँ किसी और के साथ साझा करने लगते हैं। और यहीं से रिश्तों में दूरी शुरू होती है। क्योंकि जो बातें कभी Partner के साथ साझा की जाती थीं, वे अब किसी और के साथ होने लगती हैं।

"जब दिल की बातें किसी और तक पहुँचने लगें, तो रिश्ते की खामोशी बढ़ने लगती है।"

सबसे दुखद बात यह है कि कई लोग तब तक नहीं समझते कि समस्या कितनी बड़ी हो चुकी है, जब तक उनका रिश्ता टूटने के करीब नहीं पहुँच जाता। उन्हें लगता है कि उनका Partner बेवजह शक कर रहा था। लेकिन कई बार शक की शुरुआत झूठ से नहीं, लगातार नज़रअंदाज़ की गई भावनाओं से होती है।

क्योंकि हर इंसान को यह महसूस करने की जरूरत होती है कि वह खास है। कि उसकी जगह सुरक्षित है। उसके रिश्ते की अहमियत किसी और से कम नहीं है।

"जहाँ बार-बार सफाई देनी पड़े कि 'वह सिर्फ दोस्त है', वहाँ अक्सर भरोसा पहले ही कमजोर हो चुका होता है।"

समय के साथ कुछ रिश्ते संभल जाते हैं, क्योंकि दोनों लोग एक-दूसरे की भावनाओं को समझ लेते हैं। लेकिन कुछ रिश्ते टूट जाते हैं, क्योंकि दोनों अपनी-अपनी बात सही साबित करने में लगे रहते हैं। और फिर एक दिन एहसास होता है कि लड़ाई दोस्ती की नहीं थी।

लड़ाई अहमियत की थी।

लड़ाई भरोसे की थी।

लड़ाई उस जगह की थी जहाँ कभी सिर्फ प्यार हुआ करता था।

"रिश्ते तब नहीं हारते जब कोई तीसरा आता है, रिश्ते तब हारते हैं जब दो लोगों के बीच की दूरी बढ़ जाती है।"

और शायद यही वजह है कि "वह सिर्फ मेरा दोस्त है" कई लोगों के लिए सिर्फ एक वाक्य नहीं, बल्कि एक ऐसा झूठ बन जाता है जिसने उनके रिश्ते की नींव को

हिला दिया।

निष्कर्ष

"वह सिर्फ मेरा दोस्त है" हमेशा झूठ नहीं होता। दुनिया में सच्ची दोस्ती भी होती है। लेकिन जब इस वाक्य के पीछे छुपकर Partner की भावनाओं को नज़रअंदाज़ किया जाए, रिश्ते की अहमियत कम की जाए और किसी तीसरे को वह जगह दी जाए जो रिश्ते की होनी चाहिए, तब यह एक बहुत दर्दनाक झूठ बन जाता है।

क्योंकि रिश्ते सिर्फ प्यार से नहीं चलते। वे भरोसे से चलते हैं। और भरोसा तभी मजबूत रहता है जब दोनों लोग एक-दूसरे की भावनाओं का सम्मान करें। दर्द इस बात का नहीं था कि वह तुम्हारा दोस्त था... दर्द इस बात का था कि धीरे-धीरे मैं तुम्हारी जिंदगी में उससे कम महत्वपूर्ण होता गया।

"रिश्तों का सबसे दुखद सच यही है कि कई बार लोग अपने रिश्ते को किसी तीसरे इंसान के लिए नहीं खोते, बल्कि उस भरोसे को खो देते हैं जो रिश्ते को बचाकर रखता है।"

32

तुम मेरी आख़िरी मोहब्बत हो

रिश्तों में कुछ झूठ ऐसे होते हैं जिन्हें सुनकर इंसान सिर्फ खुश नहीं होता, बल्कि अपना पूरा भविष्य उस एक वाक्य पर टिका देता है। "तुम मेरी आख़िरी मोहब्बत हो" ऐसा ही एक झूठ है। जब कोई इंसान यह बात कहता है, तो सामने वाला सिर्फ यह नहीं सुनता कि वह उससे प्यार करता है। वह यह सुनता है कि अब उसके बाद कोई और नहीं आएगा। वह यह सुनता है कि अब यह रिश्ता हमेशा के लिए है। कि अब यह कहानी किसी मोड़ पर खत्म नहीं होगी। और शायद यही कारण है कि जब यह वादा टूटता है, तो उसके साथ सिर्फ दिल नहीं टूटता, इंसान का प्यार पर से भरोसा भी टूट जाता है।

जब हम किसी से सच्चा प्यार करते हैं, तो हम सिर्फ वर्तमान में नहीं जीते। हम उसके साथ भविष्य देखने लगते हैं। हम सोचते हैं कि आने वाले सालों में भी यही इंसान हमारे साथ होगा। हमारी खुशियों में, हमारे दुखों में, हमारी जीत और हार में। इसलिए जब कोई हमारी आँखों में देखकर कहता है — "तुम मेरी आख़िरी मोहब्बत हो," तो हम उस बात को मज़ाक या एक Romantic Dialogue नहीं समझते। हम उसे सच मान लेते हैं। हम उसे अपने जीवन का हिस्सा बना लेते हैं।

"कुछ वादे कानों से नहीं, सीधे दिल में उतर जाते हैं... और फिर वहीं टूटते हैं।"

शुरुआत में सब कुछ बहुत खूबसूरत लगता है। दोनों एक-दूसरे के बिना भविष्य की कल्पना भी नहीं कर पाते। दोनों को लगता है कि दुनिया बदल सकती है, लेकिन उनका रिश्ता नहीं बदलेगा। उस समय बोली गई हर बात सच्ची लगती है। हर वादा हमेशा के लिए लगता है। और शायद उस पल में बोलने वाला भी सच ही महसूस कर रहा होता है। लेकिन समस्या यह है कि भावनाएँ बदल सकती हैं, हालात बदल सकते हैं, इंसान बदल सकता है। और जब इंसान बदलता है, तो सबसे पहले उसके वादे टूटते हैं।

समय के साथ रिश्ते में मुश्किलें आने लगती हैं। छोटी-छोटी गलतफहमियाँ बड़ी बनने लगती हैं। पहले जहाँ बात करके समस्याएँ हल होती थीं, अब खामोशी बढ़ने लगती है। और धीरे-धीरे वह इंसान, जिसने कहा था कि "तुम मेरी आख़िरी मोहब्बत हो," उसी की भावनाएँ बदलने लगती हैं।

"मोहब्बत का सबसे दर्दनाक अंत वह नहीं होता जब कोई चला जाए... बल्कि वह होता है जब कोई बदल जाए।"

Psychology कहती है कि इंसान अक्सर उस समय के हिसाब से वादे करता है, जिस समय वह कैसा महसूस कर रहा होता है। जब वह प्यार में होता है, तो उसे सच में लगता है कि यही उसकी आख़िरी मोहब्बत है। लेकिन वह यह नहीं जानता कि भविष्य में उसके विचार, उसकी प्राथमिकताएँ और उसकी भावनाएँ बदल सकती हैं। यही कारण है कि कई लोग झूठ बोलने की नीयत से नहीं, बल्कि हमेशा एक जैसा महसूस करने की गलतफहमी में ऐसे वादे कर बैठते हैं।

लेकिन सुनने वाले के लिए यह सिर्फ एक भावना नहीं होती।

यह एक भरोसा होता है।

एक सपना होता है।

एक भविष्य होता है।

"जो वादा एक इंसान के लिए सिर्फ एक एहसास था, वही दूसरे इंसान के लिए पूरी जिंदगी बन गया।"

सबसे ज्यादा दर्द तब होता है जब वही इंसान, जिसने कहा था कि उसके बाद कोई नहीं होगा, कुछ समय बाद किसी और के साथ दिखाई देता है। वही इंसान जो कहता था कि उसकी आख़िरी मोहब्बत मिल चुकी है, अब किसी और के साथ नए

सपने देख रहा होता है। और उस समय दिल सिर्फ एक सवाल पूछता है —

अगर मैं तुम्हारी आख़िरी मोहब्बत था... तो फिर यह नई कहानी किसकी है? अगर मेरे बाद कोई नहीं आने वाला था... तो फिर मेरी जगह किसने ले ली?

"कुछ सवालों के जवाब नहीं मिलते, क्योंकि जवाब मिल जाए तो सारे वादे झूठ साबित हो जाते हैं।"

धीरे-धीरे इंसान समझने लगता है कि शायद प्यार में सबसे खतरनाक शब्द "हमेशा" और "आख़िरी" होते हैं। क्योंकि इंसान भविष्य नहीं जानता। वह सिर्फ वर्तमान महसूस करता है। लेकिन जब वह भविष्य के वादे कर देता है, तो कई बार वह अनजाने में किसी और के दिल में ऐसी उम्मीद पैदा कर देता है जो बाद में सबसे बड़ा दर्द बन जाती है।

समय बीतता है। इंसान टूटता है, संभलता है, फिर से जीना सीखता है। लेकिन उसके दिल में एक बात हमेशा रह जाती है — कि उसने किसी के शब्दों पर भरोसा किया था। उसने किसी के "हमेशा" को सच मान लिया था। और जब वह "हमेशा" खत्म हुआ, तो उसके साथ बहुत कुछ खत्म हो गया।

"दिल अक्सर लोगों के जाने से नहीं टूटता, दिल उनके बदले हुए वादों से टूटता है।"

धीरे-धीरे उसे एहसास होता है कि आख़िरी मोहब्बत कोई इंसान नहीं होता। आख़िरी मोहब्बत वह एहसास होता है जहाँ हमें यकीन हो जाए कि अब हमें और कुछ नहीं चाहिए। लेकिन हर इंसान उस एहसास को निभा नहीं पाता। कुछ लोग उसे सिर्फ बोलते हैं, जी नहीं पाते।

और शायद यही वजह है कि "**तुम मेरी आख़िरी मोहब्बत हो**" रिश्तों का इतना दर्दनाक झूठ बन जाता है। क्योंकि यह सिर्फ प्यार का इज़हार नहीं होता, यह भविष्य का वादा होता है। और जब भविष्य बदल जाता है, तो उस वादे का दर्द बहुत गहरा हो जाता है।

निष्कर्ष

"तुम मेरी आख़िरी मोहब्बत हो" सुनने में दुनिया का सबसे खूबसूरत वाक्य लगता है। लेकिन जब इसे निभाने की नीयत न हो, जब इसे सिर्फ उस पल की भावना में कह दिया जाए, तब यह रिश्तों का सबसे दर्दनाक झूठ बन जाता है।

क्योंकि आख़िरी मोहब्बत का वादा सिर्फ दिल से नहीं, जिम्मेदारी से भी निभाया जाता है। दर्द इस बात का नहीं था कि तुम चले गए... दर्द इस बात का था कि जाते-जाते तुमने उस वादे को भी साथ ले लिया जिसे मैंने अपनी पूरी जिंदगी मान लिया था।

"रिश्तों का सबसे दुखद सच यही है कि कुछ लोग हमें अपनी आख़िरी मोहब्बत कहते हैं, लेकिन हम उनके लिए सिर्फ एक पड़ाव साबित होते हैं। क्योंकि सच्ची आख़िरी मोहब्बत वह नहीं जो हमेशा रहने का वादा करे... सच्ची आख़िरी मोहब्बत वह है जो वादा निभाए।"

33

कुछ नहीं हुआ...

रिश्तों में बोला जाने वाला सबसे छोटा, सबसे साधारण और शायद सबसे दर्दनाक झूठ है — "कुछ नहीं हुआ।" जब कोई इंसान अंदर से टूट रहा होता है, जब उसके दिल में हजारों सवाल चल रहे होते हैं, जब वह किसी दर्द, तनाव या अकेलेपन से लड़ रहा होता है, तब अक्सर वह दुनिया को यही जवाब देता है — *"कुछ नहीं हुआ।"* और सबसे दुखद बात यह है कि कई बार वह यह जवाब उन लोगों को भी देता है जिनसे वह सबसे ज्यादा प्यार करता है। क्योंकि कुछ दर्द ऐसे होते हैं जिन्हें इंसान शब्दों में बयां नहीं कर पाता। वह चाहता तो है कि कोई उसे समझे, लेकिन उसे डर होता है कि शायद कोई समझ नहीं पाएगा।

जब कोई Partner पूछता है — ***"क्या हुआ?"*** तो कई बार सामने वाला सिर्फ जवाब नहीं देता, वह एक उम्मीद भी रखता है। वह उम्मीद करता है कि शायद सामने वाला उसके चेहरे की उदासी पढ़ लेगा, उसकी आवाज़ की थकान महसूस कर लेगा और उसके "कुछ नहीं हुआ" के पीछे छुपे दर्द को समझ जाएगा। क्योंकि सच तो यह है कि जब इंसान बार-बार कहता है कि उसे कुछ नहीं हुआ, तब अक्सर सबसे ज्यादा वही इंसान टूट रहा होता है। वह रोना चाहता है, लेकिन रो नहीं पाता। वह बोलना चाहता है, लेकिन बोल नहीं पाता। वह चाहता है कि कोई उसके पास बैठकर सिर्फ इतना कह दे — ***"मुझे पता है, कुछ तो हुआ है।"***

"जो लोग कहते हैं 'कुछ नहीं हुआ', अक्सर वही सबसे ज्यादा चाहते हैं कि कोई उनकी खामोशी समझ ले।"

Psychology कहती है कि जब इंसान बहुत ज्यादा Emotional Pain में होता है, तो वह अपनी भावनाओं को छुपाने लगता है। उसे लगता है कि अगर उसने अपना दर्द बता दिया तो लोग उसे कमजोर समझेंगे। कई बार उसे यह भी लगता है कि उसकी परेशानियों से किसी को फर्क नहीं पड़ेगा। इसलिए वह अपने आँसुओं को मुस्कान के पीछे और अपने दर्द को "कुछ नहीं हुआ" के पीछे छुपा देता है। लेकिन दर्द छुपाने से खत्म नहीं होता। वह अंदर ही अंदर बढ़ता रहता है।

कई बार कोई लड़का रातभर नहीं सोता, लेकिन सुबह उठकर कह देता है – *"कुछ नहीं हुआ।"* कई बार कोई लड़की पूरी रात रोती है, लेकिन अगली सुबह मुस्कुराकर कह देती है – *"मैं ठीक हूँ, कुछ नहीं हुआ।"* और यही सबसे बड़ा दर्द है। क्योंकि दुनिया उनके शब्द सुनती है, लेकिन उनकी आँखों में छुपी कहानी नहीं पढ़ती।

"कुछ दर्द ऐसे होते हैं जो आँसुओं से नहीं, खामोशियों से दिखाई देते हैं।"

रिश्तों में सबसे खूबसूरत चीज़ सिर्फ प्यार नहीं होती, समझ होती है। क्योंकि प्यार तो बहुत लोग कर लेते हैं, लेकिन किसी की खामोशी को समझना हर किसी के बस की बात नहीं होती। जब कोई इंसान बार-बार कह रहा हो कि उसे कुछ नहीं हुआ, तब शायद उसे सलाह नहीं चाहिए होती। शायद उसे सिर्फ किसी का साथ चाहिए होता है। कोई ऐसा जो उसके पास बैठ जाए, बिना सवाल किए उसका हाथ पकड़ ले और उसे एहसास दिलाए कि वह अकेला नहीं है।

लेकिन आज की Generation में लोगों के पास समय कम और निष्कर्ष ज्यादा हैं। लोग सुनने से पहले जवाब देने लगते हैं। समझने से पहले निर्णय लेने लगते हैं। इसलिए जब कोई कहता है – *"कुछ नहीं हुआ,"* तो लोग मान लेते हैं कि सच में कुछ नहीं हुआ। जबकि सच्चाई यह होती है कि उसके अंदर एक पूरी दुनिया बिखर रही होती है।

"सबसे खतरनाक दर्द वह नहीं होता जो दिखाई दे जाए, सबसे खतरनाक दर्द वह होता है जो मुस्कान के पीछे छुपा हो।"

धीरे-धीरे इंसान अपनी भावनाएँ बताना बंद कर देता है। वह हर सवाल का एक ही जवाब देने लगता है। उसे लगता है कि कोई समझेगा नहीं, कोई रुकेगा नहीं,

कोई उसकी बातों को उतनी अहमियत नहीं देगा जितनी वह चाहता है। और यही वह पल होता है जब रिश्तों में दूरी पैदा होने लगती है। क्योंकि रिश्ते लड़ाई से नहीं टूटते। रिश्ते तब टूटते हैं जब लोग अपनी तकलीफें बताना छोड़ देते हैं। जब वे अपनी परेशानियाँ अपने अंदर दफन करने लगते हैं। जब उनके "कुछ नहीं हुआ" को सुनने वाला कोई नहीं बचता।

Psychology में इसे Emotional Withdrawal कहा जाता है। यानी इंसान धीरे-धीरे अपनी भावनाओं को दुनिया से छुपाने लगता है। वह पहले कम बोलता है, फिर चुप रहने लगता है, और एक दिन उसकी खामोशी उसकी आदत बन जाती है। लोग सोचते हैं कि वह मजबूत हो गया है, लेकिन सच्चाई यह होती है कि वह सिर्फ अपनी तकलीफों के साथ अकेले जीना सीख गया होता है।

"इंसान अचानक खामोश नहीं होता, वह बार-बार अनसुना किए जाने के बाद खामोश हो जाता है।"

सबसे ज्यादा दर्द तब होता है जब कोई इंसान आखिरकार टूट जाता है और लोग हैरान होकर पूछते हैं — *"हमें तो लगा सब ठीक था?"* क्योंकि उन्होंने हमेशा वही सुना जो उसे सुनाया गया था — *"कुछ नहीं हुआ।"* उन्होंने कभी उसके चेहरे की थकान नहीं पढ़ी, उसकी आवाज़ की उदासी नहीं सुनी और उसकी मुस्कान के पीछे छुपे आँसुओं को नहीं देखा।

और शायद यही वजह है कि "कुछ नहीं हुआ..." रिश्तों का सबसे खामोश और सबसे गहरा झूठ है। यह झूठ किसी को धोखा देने के लिए नहीं बोला जाता। यह झूठ अक्सर इसलिए बोला जाता है क्योंकि इंसान को डर होता है कि अगर उसने अपना दर्द बता दिया, तो शायद कोई समझ नहीं पाएगा।

"हर इंसान को जिंदगी में एक ऐसा व्यक्ति चाहिए जो उसके 'कुछ नहीं हुआ' के पीछे छुपे दर्द को पढ़ सके।"

निष्कर्ष

"कुछ नहीं हुआ..." सिर्फ एक जवाब नहीं है। यह कई बार एक पुकार होती है, एक उम्मीद होती है, एक खामोश मदद की गुहार होती है। जब कोई इंसान यह

कहता है, तो जरूरी नहीं कि सच में कुछ नहीं हुआ हो। कई बार इसका मतलब होता है कि बहुत कुछ हुआ है, लेकिन वह उसे शब्दों में नहीं बता पा रहा।

सच्चा प्यार वही है जो सिर्फ शब्दों को नहीं, खामोशियों को भी समझे। क्योंकि हर दर्द रोकर नहीं बताया जाता और हर तकलीफ शब्दों में बयां नहीं की जाती। दर्द इस बात का नहीं था कि तुमने पूछा नहीं... दर्द इस बात का था कि मैंने 'कुछ नहीं हुआ' कहा और तुमने उस पर विश्वास कर लिया।

"रिश्तों का सबसे दुखद सच यही है कि जो लोग सबसे ज्यादा 'कुछ नहीं हुआ' कहते हैं, अक्सर वही सबसे ज्यादा टूटे हुए होते हैं।"

34

मुझे किसी की ज़रूरत नहीं है

रिश्तों में बोला जाने वाला सबसे बड़ा और सबसे गलत समझा जाने वाला झूठ शायद यही है — "मुझे किसी की ज़रूरत नहीं है।" जब कोई इंसान यह बात कहता है, तो ज्यादातर लोग उसकी बात को सच मान लेते हैं। उन्हें लगता है कि सामने वाला बहुत मजबूत है, उसे किसी सहारे की जरूरत नहीं, उसे किसी के साथ की जरूरत नहीं। लेकिन सच्चाई अक्सर इसके बिल्कुल उलट होती है। क्योंकि जिंदगी में जब कोई इंसान सबसे ज्यादा टूट रहा होता है, सबसे ज्यादा अकेला महसूस कर रहा होता है, तब कई बार वही इंसान दुनिया से कहता है — "मुझे किसी की ज़रूरत नहीं है।"

यह झूठ अहंकार से नहीं जन्म लेता।

यह झूठ दर्द से जन्म लेता है।

यह झूठ तब पैदा होता है जब इंसान बार-बार टूट चुका होता है, बार-बार निराश हो चुका होता है और अब उसे डर लगने लगता है कि कहीं फिर से किसी पर भरोसा करके वह दोबारा न टूट जाए।

"जो लोग कहते हैं कि उन्हें किसी की ज़रूरत नहीं, अक्सर वही लोग सबसे ज्यादा किसी अपने की कमी महसूस कर रहे होते हैं।"

जब कोई लड़का या लड़की बार-बार दर्द झेलता है, जब उसकी भावनाओं को नजरअंदाज किया जाता है, जब उसके आँसुओं की कोई कीमत नहीं होती, तब धीरे-धीरे वह अपने दिल के चारों तरफ दीवारें बना लेता है। वह दुनिया को दिखाता है कि वह मजबूत है। वह दिखाता है कि उसे किसी की जरूरत नहीं। लेकिन सच यह होता है कि हर इंसान को किसी न किसी की जरूरत होती है। हर इंसान चाहता है कि कोई उसे समझे, कोई उसकी बातें सुने, कोई उसके बुरे दिनों में उसका हाथ पकड़कर कहे — *"मैं हूँ ना।"*

लेकिन जब जिंदगी बार-बार यह एहसास दिलाती है कि कोई नहीं है, तब इंसान खुद को समझा लेता है कि उसे किसी की जरूरत ही नहीं।

"कई बार इंसान अकेले रहना नहीं चाहता, वह सिर्फ दोबारा टूटना नहीं चाहता।"

Psychology कहती है कि इंसान एक Social Being है। उसे भावनात्मक जुड़ाव की जरूरत होती है। उसे अपनापन चाहिए होता है। उसे यह महसूस करना होता है कि उसकी मौजूदगी किसी के लिए मायने रखती है। लेकिन जब उसे बार-बार ठुकराया जाता है, तब वह अपनी जरूरतों को ही नकारने लगता है। वह यह मानने लगता है कि अगर उसे किसी की जरूरत नहीं होगी, तो कोई उसे चोट भी नहीं पहुँचा पाएगा।

यही कारण है कि कई लोग मुस्कुराते हुए कहते हैं — *"मुझे किसी की जरूरत नहीं है।"* लेकिन रात को वही लोग सबसे ज्यादा अकेलापन महसूस करते हैं।

"सबसे अकेले लोग अक्सर वही होते हैं जो दुनिया को दिखाते हैं कि वे अकेले ही खुश हैं।"

रिश्तों में यह बात समझना बहुत जरूरी है। अगर आपका Partner कभी कहे कि उसे किसी की जरूरत नहीं है, तो हर बार इसका मतलब यह नहीं होता कि वह आपको दूर करना चाहता है। कई बार इसका मतलब यह होता है कि वह बहुत ज्यादा दर्द में है। वह अपनी लड़ाई अकेले लड़ रहा है। वह यह नहीं जानता कि मदद कैसे मांगी जाए। वह यह नहीं जानता कि अपने दर्द को शब्दों में कैसे बदला जाए। और कई बार वह सिर्फ यह चाहता है कि कोई उसकी बातों पर नहीं, उसकी खामोशी पर ध्यान दे।

"कुछ लोग मदद नहीं मांगते, क्योंकि उन्हें डर होता है कि कहीं कोई उनकी पुकार भी अनसुनी न कर दे।"

सबसे ज्यादा दुखद बात यह है कि जब कोई इंसान यह कहता है — ***"मुझे किसी की जरूरत नहीं है,"*** तो लोग सच में उससे दूर होने लगते हैं। वे सोचते हैं कि उसे अकेला छोड़ देना चाहिए। लेकिन कई बार वही इंसान अंदर ही अंदर उम्मीद कर रहा होता है कि कोई उसकी बातों पर विश्वास न करे। कोई उसके पास आकर पूछे — ***"सच बताओ, क्या हुआ है?"***

क्योंकि हर मजबूत दिखने वाला इंसान अंदर से मजबूत नहीं होता। हर मुस्कुराने वाला इंसान खुश नहीं होता। और हर वह इंसान जिसे किसी की जरूरत नहीं दिखती, वास्तव में अकेला नहीं रहना चाहता।

"कई बार 'मुझे किसी की जरूरत नहीं है' का असली मतलब होता है — 'काश कोई होता जो मेरी जरूरत समझ पाता।'"

समय के साथ इंसान जीना सीख जाता है। वह अपनी तकलीफों को छुपाना सीख जाता है। वह अपने आँसुओं को मुस्कानों के पीछे रखना सीख जाता है। लेकिन उसके दिल का एक हिस्सा हमेशा चाहता है कि कोई आए और उसकी बनाई हुई दीवारों को तोड़ दे। कोई ऐसा जो उसे यह यकीन दिला सके कि हर रिश्ता दर्द नहीं देता, हर इंसान छोड़कर नहीं जाता और हर भरोसा टूटता नहीं है।

"इंसान को हमेशा प्यार की जरूरत नहीं होती, कभी-कभी उसे सिर्फ एक सच्चे साथ की जरूरत होती है।"

और शायद यही वजह है कि "मुझे किसी की ज़रूरत नहीं है" रिश्तों का सबसे बड़ा झूठ बन जाता है। क्योंकि यह झूठ किसी को धोखा देने के लिए नहीं बोला जाता। यह झूठ अक्सर खुद को बचाने के लिए बोला जाता है। लेकिन सच्चाई यह है कि दुनिया का कोई भी इंसान इतना मजबूत नहीं होता कि उसे कभी किसी की जरूरत ही न पड़े।

निष्कर्ष

"मुझे किसी की ज़रूरत नहीं है" सुनने में एक मजबूत इंसान की बात लगती है, लेकिन कई बार यह एक टूटे हुए दिल की सबसे दर्दनाक पुकार होती है। क्योंकि इंसान की सबसे बड़ी जरूरत प्यार नहीं, अपनापन होता है। यह एहसास होता है कि कोई है जो बिना शर्त उसके साथ खड़ा है।

इसलिए जब कोई कहे कि उसे किसी की जरूरत नहीं है, तो उसकी बातों को मत सुनो, उसके दर्द को समझने की कोशिश करो। क्योंकि कई बार जो लोग सबसे ज्यादा मजबूत दिखाई देते हैं, वही अंदर से सबसे ज्यादा टूटे हुए होते हैं। दर्द इस बात का नहीं था कि मुझे किसी की जरूरत थी... दर्द इस बात का था कि मैंने यह बात कभी किसी को बताई ही नहीं।

"रिश्तों का सबसे दुखद सच यही है कि जो लोग कहते हैं 'मुझे किसी की जरूरत नहीं है', वे अक्सर किसी एक इंसान का इंतजार कर रहे होते हैं जो उनसे कहे — 'मैं कहीं नहीं जा रहा।'"

35

मैं हमेशा तुम्हारे साथ हूँ

रिश्तों में अगर कोई वाक्य सबसे ज्यादा भरोसा देता है, तो वह है — "मैं हमेशा तुम्हारे साथ हूँ।" जब कोई इंसान यह बात कहता है, तो सुनने वाला सिर्फ शब्द नहीं सुनता, वह एक सुरक्षा महसूस करता है। उसे लगता है कि अब चाहे जिंदगी कितनी भी मुश्किल क्यों न हो जाए, चाहे कितने भी तूफान क्यों न आ जाएँ, कम से कम एक इंसान ऐसा है जो उसका हाथ कभी नहीं छोड़ेगा। यही वजह है कि लोग इस वाक्य पर बहुत जल्दी भरोसा कर लेते हैं। क्योंकि हर इंसान की जिंदगी में एक ऐसा समय आता है जब उसे किसी सहारे की जरूरत होती है, किसी ऐसे कंधे की जरूरत होती है जिस पर सिर रखकर वह अपने सारे दर्द भूल सके।

जब रिश्ता नया-नया होता है, तब यह वाक्य बहुत आसानी से बोला जाता है। घंटों बातें होती हैं, छोटी-छोटी खुशियाँ साझा की जाती हैं, भविष्य के सपने देखे जाते हैं और हर बात के अंत में यही एहसास दिया जाता है कि चाहे कुछ भी हो जाए, हम साथ रहेंगे। उस समय दोनों को लगता है कि उनका रिश्ता दुनिया की हर मुश्किल से मजबूत है। उन्हें लगता है कि उनका प्यार कभी नहीं बदलेगा और उनका साथ कभी नहीं टूटेगा। लेकिन जिंदगी सिर्फ अच्छे दिनों का नाम नहीं है। जिंदगी की असली परीक्षा तब शुरू होती है जब मुश्किलें दरवाजा खटखटाती हैं।

"अच्छे समय में साथ चलना आसान होता है, मुश्किल समय में साथ रहना ही असली मोहब्बत होती है।"

Psychology कहती है कि इंसान अक्सर भावनाओं में आकर ऐसे वादे कर देता है जिन्हें निभाना उसके लिए बाद में मुश्किल हो जाता है। जब हम किसी से बहुत ज्यादा प्यार करते हैं, तब हमें सच में लगता है कि हम हमेशा उसके साथ रहेंगे। लेकिन हम यह भूल जाते हैं कि भविष्य सिर्फ भावनाओं से नहीं चलता। भविष्य जिम्मेदारियों, परिस्थितियों और फैसलों से भी बनता है। यही कारण है कि कई बार लोग झूठ बोलने की नीयत से नहीं, बल्कि उस समय की सच्ची भावना में यह कह देते हैं — **"मैं हमेशा तुम्हारे साथ हूँ।"**

लेकिन सुनने वाला इंसान इस वाक्य को सिर्फ एक भावना नहीं मानता। वह इसे एक वादा मान लेता है। वह अपने डर, अपनी कमजोरियाँ, अपनी परेशानियाँ और अपने सपने उस इंसान के सामने खोल देता है। क्योंकि उसे भरोसा होता है कि यह इंसान कभी उसका साथ नहीं छोड़ेगा। वह सोचता है कि अगर पूरी दुनिया उसके खिलाफ भी हो गई, तो भी यह एक इंसान उसके साथ खड़ा रहेगा।

"भरोसा वहीं पैदा होता है जहाँ हमें लगता है कि कोई हमें अधूरा छोड़कर नहीं जाएगा।"

लेकिन फिर जिंदगी बदलने लगती है। जिम्मेदारियाँ बढ़ने लगती हैं। समय कम होने लगता है। रिश्ते में पहले जैसी गर्माहट नहीं रहती। और धीरे-धीरे वही इंसान, जिसने हमेशा साथ रहने का वादा किया था, बदलने लगता है। पहले जो हर छोटी बात सुनता था, अब उसके पास समय नहीं होता। पहले जो हर दुख में साथ खड़ा रहता था, अब उसे आपकी बातें बोझ लगने लगती हैं। पहले जो कहता था कि वह हमेशा साथ रहेगा, अब वह धीरे-धीरे दूर जाने लगता है।

सबसे ज्यादा दर्द तब होता है जब इंसान अपने जीवन के सबसे कठिन दौर से गुजर रहा होता है। जब उसे सबसे ज्यादा सहारे की जरूरत होती है। जब उसे लगता है कि अब कोई नहीं समझ सकता। और उसी समय वह इंसान भी दूर हो जाता है जिसने कभी कहा था — **"मैं हमेशा तुम्हारे साथ हूँ।"**

उस समय सिर्फ रिश्ता नहीं टूटता।

उस समय भरोसा टूटता है।

उस समय उम्मीद टूटती है।

उस समय इंसान का लोगों पर विश्वास टूटता है।

"कुछ लोग हमें छोड़कर नहीं जाते, वे हमारे अंदर भरोसा करने की ताकत भी साथ ले जाते हैं।"

अक्सर लोग कहते हैं — *"अगर कोई परेशानी हो तो मुझे बताना।"* लेकिन जब सच में परेशानी आती है, तब वही लोग सबसे पहले गायब हो जाते हैं। उन्हें आपकी तकलीफें सुनने में दिलचस्पी नहीं रहती। उन्हें आपके आँसू भारी लगने लगते हैं। उन्हें आपकी खामोशी परेशान करने लगती है। और तब पहली बार एहसास होता है कि साथ रहने का वादा करना आसान था, लेकिन साथ निभाना मुश्किल था।

कई बार इंसान सोचता है कि शायद गलती उसी की थी। शायद उसने ज्यादा उम्मीद कर ली। शायद उसने उन शब्दों को जरूरत से ज्यादा गंभीरता से ले लिया। लेकिन सच्चाई यह है कि जब कोई इंसान किसी से कहता है — "मैं हमेशा तुम्हारे साथ हूँ," तो वह सिर्फ शब्द नहीं बोल रहा होता। वह किसी के दिल में उम्मीद पैदा कर रहा होता है। और उम्मीद जितनी बड़ी होती है, उसके टूटने का दर्द भी उतना ही बड़ा होता है।

"वादे टूटने पर सिर्फ शब्द नहीं टूटते, उनके साथ जुड़े हुए सपने भी टूट जाते हैं।"

आज की दुनिया में लोग प्यार तो करना चाहते हैं, लेकिन जिम्मेदारी नहीं निभाना चाहते। उन्हें साथ चाहिए, लेकिन त्याग नहीं करना। उन्हें रिश्ता चाहिए, लेकिन मुश्किल समय में धैर्य नहीं रखना। इसलिए जैसे ही जिंदगी कठिन होती है, वे पीछे हटने लगते हैं। और पीछे छूट जाता है वह इंसान जिसने उनके हर शब्द पर भरोसा किया था।

धीरे-धीरे वह इंसान यह समझने लगता है कि सच्चा साथ सिर्फ अच्छे दिनों में हँसने का नाम नहीं है। सच्चा साथ तब होता है जब कोई आपकी सबसे बुरी हालत में भी आपके पास खड़ा रहे। जब कोई आपकी कमजोरियों को देखकर भी आपका हाथ न छोड़े। जब कोई आपकी खामोशी को भी समझे और आपके आँसुओं से भी रिश्ता रखे।

"सच्चा साथी वह नहीं जो आपकी खुशियों में शामिल हो, सच्चा साथी वह है जो आपके दर्द से भागे नहीं।"

समय के साथ इंसान यह सीख जाता है कि हर "हमेशा" सच नहीं होता। हर वादा निभाया नहीं जाता। हर साथ जीवनभर नहीं चलता। लेकिन वह यह भी सीख जाता है कि दुनिया में कुछ लोग ऐसे भी होते हैं जो अपने शब्दों से ज्यादा अपने कर्मों से प्यार साबित करते हैं। जो वादे कम करते हैं, लेकिन निभाते ज्यादा हैं।

और शायद यही वजह है कि "मैं हमेशा तुम्हारे साथ हूँ" रिश्तों का सबसे खूबसूरत और सबसे दर्दनाक झूठ दोनों बन जाता है। क्योंकि अगर यह निभा दिया जाए, तो यह जिंदगी का सबसे खूबसूरत एहसास बन जाता है। लेकिन अगर यह टूट जाए, तो यह इंसान के दिल में सबसे गहरा घाव छोड़ जाता है।

"दर्द इस बात का नहीं था कि तुम चले गए... दर्द इस बात का था कि तुमने मुझे यकीन दिलाया था कि तुम कभी नहीं जाओगे।"

निष्कर्ष

"मैं हमेशा तुम्हारे साथ हूँ" सिर्फ एक वाक्य नहीं है, यह किसी इंसान के दिल में बोया गया भरोसा है। इसलिए इसे बोलने से पहले सोचना चाहिए, क्योंकि हर कोई इसे सिर्फ सुनता नहीं, कुछ लोग इसे जीने लगते हैं।

सच्चा प्यार हमेशा साथ रहने का दावा नहीं करता, सच्चा प्यार मुश्किल समय में साथ रहकर दिखाता है।

"और शायद रिश्तों का सबसे दुखद सच यही है कि लोग 'हमेशा' बहुत आसानी से बोल देते हैं, लेकिन उसे निभाने की ताकत बहुत कम लोगों में होती है।"

"क्योंकि साथ का मतलब सिर्फ हाथ पकड़ना नहीं, बल्कि उस हाथ को मुश्किल वक्त में भी न छोड़ना होता है।"

36

जब Partner Ignore करने लगे...

रिश्तों में सबसे ज्यादा दर्द हमेशा धोखे से नहीं होता, कई बार दर्द उस खामोशी से होता है जो धीरे-धीरे दो लोगों के बीच आ जाती है। पहले जो इंसान हर छोटी बात पर Message करता था, हर पल आपका हाल पूछता था, आपकी हँसी और उदासी दोनों को महसूस करता था, वही इंसान अचानक बदलने लगे, जवाब देर से देने लगे, बातें छोटी करने लगे और आपकी मौजूदगी को नज़रअंदाज़ करने लगे, तब दिल के अंदर एक अजीब-सा डर पैदा होने लगता है। यही वह पल होता है जब लोग सोचने लगते हैं — **"क्या वह मुझे छोड़ना चाहता है?"**

आज की Generation में अक्सर यह मान लिया जाता है कि अगर कोई Ignore कर रहा है तो उसका मतलब है कि वह रिश्ता खत्म करना चाहता है। लेकिन सच्चाई हमेशा इतनी सीधी नहीं होती। हर बार Ignore करने का मतलब यह नहीं होता कि प्यार खत्म हो गया है। कई बार इंसान अपनी जिंदगी की ऐसी लड़ाई लड़ रहा होता है जिसे वह किसी को समझा नहीं पा रहा होता। कई बार वह तनाव में होता है, मानसिक रूप से थका हुआ होता है, परिवार की समस्याओं से घिरा होता है या अपने अंदर के किसी दर्द से लड़ रहा होता है।

लेकिन समस्या तब पैदा होती है जब वह इन सब बातों को अपने Partner से साझा करना छोड़ देता है।

"रिश्ते दूरियों से नहीं टूटते, रिश्ते तब टूटते हैं जब लोग अपनी परेशानियाँ एक-दूसरे से छुपाने लगते हैं।"

जब कोई इंसान अचानक बदलने लगता है, तो सबसे पहले उसका Partner खुद को दोष देने लगता है। उसे लगता है कि शायद उससे कोई गलती हो गई। शायद उसने कुछ ऐसा कह दिया जो नहीं कहना चाहिए था। शायद अब वह पहले जैसा महत्वपूर्ण नहीं रहा। और यही सोच धीरे-धीरे उसके आत्मविश्वास को तोड़ने लगती है। क्योंकि Ignore किया जाना सिर्फ इंतजार नहीं करवाता, यह इंसान को अपनी अहमियत पर भी सवाल उठाने पर मजबूर कर देता है।

Psychology कहती है कि इंसान की सबसे बड़ी भावनात्मक जरूरतों में से एक है **Validation**। हर इंसान यह महसूस करना चाहता है कि वह किसी के लिए मायने रखता है। इसलिए जब वही इंसान जिसे हम सबसे ज्यादा महत्व देते हैं, हमें नज़रअंदाज़ करने लगता है, तो हमारा दिमाग इसे सिर्फ व्यवहार का बदलाव नहीं मानता, वह इसे अस्वीकार किए जाने की तरह महसूस करता है।

"कई बार Ignore किया जाना, शब्दों में बोले गए 'अलविदा' से भी ज्यादा दर्द देता है।"

लेकिन यह भी सच है कि हर खामोशी के पीछे बेवफाई नहीं होती। कुछ लोग अपने दर्द को अकेले झेलने की आदत बना लेते हैं। वे सोचते हैं कि अगर उन्होंने अपनी परेशानी किसी और को बता दी तो वे बोझ बन जाएँगे। इसलिए वे खुद को दुनिया से अलग करने लगते हैं। वे कम बोलते हैं, कम मिलते हैं और धीरे-धीरे अपने ही बनाए हुए खोल में कैद हो जाते हैं।

ऐसे समय में अक्सर उनका Partner यह सोचने लगता है कि शायद वह उससे दूर होना चाहता है। जबकि कई बार सच्चाई यह होती है कि वह खुद से भी दूर हो चुका होता है।

"हर खामोश इंसान बेवफा नहीं होता, कुछ लोग अपने दर्द में इतने खो जाते हैं कि दूसरों तक पहुँच ही नहीं पाते।"

लेकिन हमें एक और सच को भी स्वीकार करना होगा। आज के समय में बहुत से लोग सीधे सच बोलने की हिम्मत नहीं रखते। वे रिश्ता खत्म करना चाहते हैं,

लेकिन सामने वाले का दिल तोड़ने की जिम्मेदारी नहीं लेना चाहते। इसलिए वे धीरे-धीरे Ignore करना शुरू कर देते हैं। पहले Messages कम होते हैं, फिर Calls कम होती हैं, फिर बहाने बढ़ जाते हैं और अंत में रिश्ता सिर्फ एक आदत बनकर रह जाता है।

वे सोचते हैं कि अगर वे दूरी बना लेंगे, तो सामने वाला खुद ही समझ जाएगा। वे सोचते हैं कि खामोशी उनके लिए वह काम कर देगी जो वे शब्दों में नहीं कह पा रहे। और यही सबसे दर्दनाक बात होती है। क्योंकि सामने वाला इंसान हर दिन जवाब ढूँढ रहा होता है, जबकि जवाब देने वाला बहुत पहले जा चुका होता है।

"कुछ लोग रिश्ता खत्म नहीं करते, वे बस इतना दूर चले जाते हैं कि रिश्ता खुद मर जाता है।"

सबसे ज्यादा दर्द तब होता है जब आप किसी को बचाने की कोशिश कर रहे होते हैं और वह आपसे दूर जाने की कोशिश कर रहा होता है। आप बात करना चाहते हैं, वह चुप रहना चाहता है। आप समझना चाहते हैं, वह समझाना नहीं चाहता। आप रिश्ता बचाना चाहते हैं, और शायद वह अब उस रिश्ते में रहना ही नहीं चाहता।

लेकिन फिर भी हर Ignore का मतलब जाना नहीं होता। कई बार यह मदद की एक खामोश पुकार भी होती है। कई बार यह अंदर की लड़ाई का असर भी होता है। और कई बार यह सिर्फ थकान होती है। यही कारण है कि रिश्तों में जल्दबाज़ी से निष्कर्ष निकालना खतरनाक होता है।

"हर दूरी बेवफाई नहीं होती, लेकिन हर दूरी को समझने की कोशिश जरूरी होती है।"

एक मजबूत रिश्ता वही होता है जहाँ दोनों लोग सिर्फ खुशियों में नहीं, बल्कि मुश्किल समय में भी एक-दूसरे से बात करना जानते हों। जहाँ खामोशी आने से पहले संवाद हो। जहाँ दूरियाँ बढ़ने से पहले सवाल पूछे जाएँ। और जहाँ किसी का बदलता हुआ व्यवहार देखकर उसे जज करने के बजाय उसे समझने की कोशिश की जाए।

क्योंकि कभी-कभी एक सवाल — ***"सच बताओ, क्या बात है?"*** — एक टूटते हुए रिश्ते को बचा सकता है।

"कई रिश्ते इसलिए नहीं टूटते क्योंकि प्यार खत्म हो गया था, वे इसलिए टूटते हैं क्योंकि दोनों अपनी खामोशी में कैद हो गए थे।"

धीरे-धीरे समय यह सिखा देता है कि Ignore किया जाना हमेशा अंत नहीं होता, लेकिन अगर खामोशी बहुत लंबी हो जाए और कोशिश सिर्फ एक तरफ से होने लगे, तो वह रिश्ता पहले जैसा नहीं रह जाता। प्यार को सिर्फ महसूस नहीं किया जाता, उसे दिखाया भी जाता है। और जब किसी को बार-बार यह महसूस होने लगे कि उसकी मौजूदगी मायने नहीं रखती, तो सबसे मजबूत दिल भी एक दिन थक जाता है।

निष्कर्ष

"जब Partner Ignore करने लगे..." तो हर बार यह मत मानो कि वह आपको छोड़ना चाहता है। पहले उसे समझने की कोशिश करो। उसकी खामोशी के पीछे छुपे कारणों को जानने की कोशिश करो। लेकिन अगर वह बार-बार संवाद से भाग रहा है, आपकी भावनाओं को नज़रअंदाज़ कर रहा है और सिर्फ दूरी बढ़ा रहा है, तो यह भी स्वीकार करना जरूरी है कि शायद वह अब पहले जैसा नहीं रहा। दर्द इस बात का नहीं था कि तुम खामोश थे... दर्द इस बात का था कि तुम्हारी खामोशी में मेरे लिए कोई जगह नहीं बची थी।

"रिश्तों का सबसे दुखद सच यही है कि कई बार लोग हमें छोड़कर नहीं जाते, वे बस हमें इतना Ignore करते हैं कि हम खुद ही दूर हो जाएँ।"

37

मैं बस सो गया/गई था

आज की Generation में अगर रिश्तों का सबसे आम झूठ खोजा जाए, तो शायद वह यही होगा — **"मैं बस सो गया/गई था।"** सुनने में यह एक बहुत साधारण बहाना लगता है, लेकिन कई बार इसके पीछे छुपी सच्चाई किसी इंसान के दिल को अंदर तक तोड़ देती है। जब कोई इंसान रातभर आपके Message का इंतजार कर रहा हो, बार-बार Chat Open कर रहा हो, हर Notification पर उम्मीद लगा रहा हो और अगली सुबह सिर्फ एक लाइन पढ़ने को मिले — ***"Sorry, मैं सो गया था"*** — तब दर्द सिर्फ Reply न मिलने का नहीं होता, दर्द उस एहसास का होता है कि शायद अब आप पहले जैसी Priority नहीं रहे।

रिश्ते की शुरुआत में सब कुछ अलग होता है। तब रात छोटी लगती है और बातें लंबी। तब नींद से ज्यादा जरूरी एक Message होता है। तब घंटों Call पर बात करने के बाद भी लगता है कि अभी बहुत कुछ कहना बाकी है। उस समय कोई नहीं कहता कि वह सो गया था, क्योंकि उस समय दिल बात करना चाहता है। लेकिन धीरे-धीरे जब रिश्ते में आदत आ जाती है, जब कोशिशें कम होने लगती हैं, तब सबसे पहले जो बहाना पैदा होता है, वह यही होता है — **"मैं सो गया था।"**

"जब इंसान किसी को खोने से डरता है, तब वह नींद से भी लड़ जाता है... और जब उसे फर्क पड़ना कम हो जाए, तब एक Message भी भारी लगने लगता है।"

सच यह है कि हर बार यह झूठ नहीं होता। कई बार लोग सच में थक जाते हैं, कई बार सच में सो जाते हैं। लेकिन समस्या तब शुरू होती है जब यह एक आदत बन जाती है। जब हर देर से आए Reply के पीछे यही कारण हो। जब हर Missing Call के पीछे यही बहाना हो। जब हर इंतजार का अंत इसी एक लाइन पर आकर रुक जाए। तब सामने वाला इंसान धीरे-धीरे समझने लगता है कि समस्या नींद नहीं है, समस्या उसकी अहमियत कम हो जाना है।

Psychology कहती है कि इंसान को सबसे ज्यादा चोट तब लगती है जब उसे यह महसूस होने लगे कि उसकी मौजूदगी अब पहले जैसी महत्वपूर्ण नहीं रही। यही कारण है कि कई बार एक अनदेखा Message पूरे दिन का मूड खराब कर देता है। क्योंकि बात Message की नहीं होती, बात उस इंसान की होती है जिससे वह Message जुड़ा होता है।

"कई बार लोग जवाब देने में देर नहीं करते, वे बस यह दिखा देते हैं कि अब उन्हें जल्दी नहीं है।"

आज के समय में यह झूठ और भी आसान हो गया है। क्योंकि लोग कहते हैं कि वे सो गए थे, लेकिन उनकी Story रात 2 बजे Upload हुई होती है। वे कहते हैं कि Phone हाथ में नहीं था, लेकिन हर Social Media Platform पर Active दिखाई देते हैं। वे कहते हैं कि समय नहीं मिला, लेकिन घंटों किसी और से बातें कर लेते हैं। और सामने वाला इंसान यह सब देखकर भी चुप रहता है। क्योंकि वह लड़ाई नहीं चाहता। वह सिर्फ यह उम्मीद करता है कि शायद अगली बार सब पहले जैसा हो जाएगा।

लेकिन हर बार उम्मीद सच नहीं होती। कभी-कभी इंसान सिर्फ इसलिए चुप रहता है क्योंकि उसे डर होता है कि अगर उसने सच पूछ लिया, तो उसे वह जवाब मिल जाएगा जिसे सुनने की हिम्मत उसमें नहीं है।

"प्यार में सबसे कठिन काम सच जानना नहीं होता, सच को स्वीकार करना होता है।"

धीरे-धीरे इंतजार आदत बन जाता है। इंसान खुद को समझाने लगता है कि शायद वह सच में सो गया होगा। शायद वह सच में व्यस्त होगा। शायद वह सच में थका हुआ होगा। लेकिन दिल के किसी कोने में उसे यह भी पता होता है कि जो

इंसान सच में किसी को महत्व देता है, वह समय निकाल ही लेता है। क्योंकि प्यार समय मिलने पर नहीं होता, प्यार समय निकालने पर होता है।

यही वजह है कि रिश्ते बड़े धोखों से कम और छोटी-छोटी अनदेखियों से ज्यादा टूटते हैं। कोई रिश्ता एक दिन में खत्म नहीं होता। वह धीरे-धीरे खत्म होता है। एक अधूरे Reply से, एक टूटे हुए वादे से, एक अनदेखे Message से और हर बार बोले गए उस एक झूठ से — **"मैं बस सो गया था।"**

"रिश्ते तब नहीं टूटते जब लोग दूर चले जाते हैं, रिश्ते तब टूटने लगते हैं जब कोशिशें सिर्फ एक तरफ से होने लगती हैं।"

सबसे ज्यादा दर्द तब होता है जब सामने वाला इंसान सच में सोया नहीं होता, लेकिन फिर भी यही बहाना देता है। क्योंकि उस समय झूठ सिर्फ शब्दों का नहीं होता, वह भरोसे का भी होता है। और एक बार भरोसा टूट जाए, तो फिर सबसे सच्ची बातें भी झूठ लगने लगती हैं।

शायद यही कारण है कि आज बहुत से लोग Reply का इंतजार नहीं करते, क्योंकि उन्होंने इंतजार करके सिर्फ निराशा पाई है। उन्होंने बहानों को सच मानने की कोशिश की है, लेकिन उनका दिल हमेशा सच्चाई जानता था।

"दर्द इस बात का नहीं था कि तुम सो गए थे... दर्द इस बात का था कि मेरी याद तुम्हारी नींद से भी छोटी हो गई थी।"

निष्करष

"मैं बस सो गया/गई था" एक साधारण वाक्य लग सकता है, लेकिन कई रिश्तों में यह सिर्फ एक बहाना बन जाता है। सच्चा प्यार कभी Perfect नहीं होता, लेकिन उसमें कोशिश जरूर होती है। क्योंकि जो इंसान किसी को अपनी जिंदगी में महत्व देता है, वह उसे इंतजार की आदत नहीं बनने देता।

"रिश्तों का सबसे कड़वा सच यही है कि जब दिल बदलने लगता है, तो सबसे पहले बहाने बढ़ने लगते हैं।"

38

Phone Silent पर था

आज की Generation में रिश्तों का एक और बहुत आम झूठ है — **"Sorry, Phone Silent पर था।"** सुनने में यह एक साधारण बहाना लगता है। ऐसा बहाना जिसे सुनकर सामने वाला ज्यादा सवाल भी नहीं पूछता। लेकिन कई बार यह छोटा-सा झूठ किसी इंसान के दिल में बहुत बड़े सवाल छोड़ जाता है। क्योंकि दर्द सिर्फ Call Miss होने का नहीं होता, दर्द उस एहसास का होता है कि जब हमें सबसे ज्यादा जरूरत थी, तब शायद हम सामने वाले की Priority नहीं थे।

रिश्ते की शुरुआत में Phone कभी Silent नहीं होता। अगर होता भी है, तो सामने वाला Call देखकर तुरंत वापस Call करता है। अगर Message छूट जाए तो उसकी चिंता होती है। अगर Reply Late हो जाए तो माफी माँगी जाती है। क्योंकि उस समय दिल में प्यार होता है, और जहाँ प्यार होता है वहाँ लापरवाही नहीं होती। लेकिन समय के साथ कई रिश्तों में चीजें बदलने लगती हैं। पहले जो इंसान एक Missed Call देखकर बेचैन हो जाता था, अब घंटों बाद जवाब देता है और सिर्फ एक लाइन कह देता है — **"Phone Silent पर था।"**

"जब इंसान किसी को खोने से डरता है, तब वह Missed Call भी नहीं छोड़ता... और जब फर्क पड़ना कम हो जाए, तब घंटों की खामोशी भी सामान्य लगने लगती है।"

सच यह है कि हर बार यह झूठ नहीं होता। कई बार Phone सच में Silent होता है। कई बार इंसान किसी काम में व्यस्त होता है। लेकिन समस्या तब शुरू होती

है जब हर बार वही कारण हो। जब हर Missed Call का जवाब यही हो। जब हर इंतजार के पीछे यही बहाना हो। तब सामने वाला इंसान धीरे-धीरे समझने लगता है कि समस्या Phone Silent होने की नहीं है, समस्या उसकी अहमियत कम हो जाने की है।

Psychology कहती है कि इंसान सिर्फ Attention नहीं चाहता, वह Importance महसूस करना चाहता है। उसे यह महसूस होना चाहिए कि उसकी मौजूदगी किसी के लिए मायने रखती है। यही वजह है कि जब कोई बार-बार Ignore महसूस करता है, तो उसका दर्द सिर्फ उस पल तक सीमित नहीं रहता। वह धीरे-धीरे उसके आत्मविश्वास और रिश्ते पर भरोसे को भी कमजोर करने लगता है।

"कई बार इंसान Call का इंतजार नहीं कर रहा होता, वह यह महसूस करना चाहता है कि वह अब भी किसी के लिए जरूरी है।"

आज के समय में Technology ने लोगों को एक-दूसरे से जोड़ने के बजाय कई बार दूर कर दिया है। लोग कहते हैं कि Phone Silent था, लेकिन Social Media पर Active दिखाई देते हैं। कहते हैं कि Notification नहीं देखा, लेकिन हर Story और Post देख चुके होते हैं। कहते हैं कि समय नहीं मिला, लेकिन घंटों किसी और चीज़ में व्यस्त रहते हैं। और यह सब देखकर भी सामने वाला इंसान अक्सर चुप रहता है। क्योंकि प्यार में लोग बहानों पर विश्वास नहीं करते, वे उम्मीदों पर विश्वास करते हैं।

उन्हें लगता है कि शायद अगली बार सब ठीक होगा।
शायद अगली बार वह पहले जैसा हो जाएगा।
शायद अगली बार उसे मेरी याद आएगी।

"प्यार में लोग बहानों से ज्यादा उम्मीदों के सहारे जीते हैं।"

धीरे-धीरे यह इंतजार थकान में बदलने लगता है। इंसान हर बार खुद को समझाता है, लेकिन दिल बार-बार वही सवाल पूछता है — अगर मैं इतना जरूरी हूँ, तो मेरे लिए समय क्यों नहीं है? अगर मैं इतना खास हूँ, तो मेरी Call इतनी आसानी से कैसे छूट जाती है? अगर मैं Priority हूँ, तो मेरी मौजूदगी महसूस क्यों

नहीं होती?

और यही सवाल रिश्तों में दूरी पैदा करने लगते हैं।

क्योंकि रिश्ते हमेशा बड़े झगड़ों से नहीं टूटते।

कई बार वे छोटी-छोटी अनदेखियों से टूटते हैं।

कई बार वे उन Missed Calls से टूटते हैं जिनका जवाब कभी दिल से नहीं दिया गया।

"रिश्तों का अंत हमेशा अलविदा से नहीं होता, कभी-कभी वह एक अनसुनी घंटी से शुरू होता है।"

सबसे ज्यादा दर्द तब होता है जब सामने वाला इंसान सच में आपके लिए समय निकाल सकता है, लेकिन निकालना नहीं चाहता। क्योंकि उस समय समस्या व्यस्तता नहीं होती, समस्या प्राथमिकताओं की होती है। और जब कोई इंसान आपकी जिंदगी में Priority से Option बन जाए, तब हर बहाना सच लगकर भी झूठ जैसा महसूस होने लगता है।

शायद इसी वजह से **"Phone Silent पर था"** सिर्फ एक बहाना नहीं रह जाता। यह धीरे-धीरे उस दूरी का प्रतीक बन जाता है जो दो लोगों के बीच पैदा हो रही होती है। ऐसी दूरी जिसे शब्दों में समझाना मुश्किल है, लेकिन महसूस करना बहुत आसान।

"दर्द इस बात का नहीं था कि Phone Silent था... दर्द इस बात का था कि मेरी आवाज़ अब तुम्हारे लिए जरूरी नहीं रही थी।"

निष्कर्ष

"Phone Silent पर था" कभी-कभी सच हो सकता है, लेकिन जब यह हर बार का जवाब बन जाए, तो यह सिर्फ एक बहाना रह जाता है। रिश्तों को सिर्फ प्यार नहीं बचाता, बल्कि वह एहसास बचाता है कि हम किसी के लिए महत्वपूर्ण हैं।

क्योंकि जो इंसान सच में किसी को अपनी जिंदगी में महत्व देता है, वह Call Miss कर सकता है, लेकिन सामने वाले को यह महसूस नहीं होने देता कि उसकी

अहमियत Miss हो गई है।

"रिश्तों का सबसे कड़वा सच यही है कि जब दिल बदलने लगता है, तो सबसे पहले समय और बहाने बदलने लगते हैं।"

39

मैं तुम्हें खोने से नहीं डरता/डरती

रिश्तों में बोला जाने वाला एक और बड़ा झूठ है – "मैं तुम्हें खोने से नहीं डरता/डरती।" आज की Generation में लोग अपनी भावनाओं को छुपाने के लिए मजबूत दिखने की कोशिश करते हैं। उन्हें लगता है कि अगर उन्होंने यह दिखा दिया कि उन्हें सामने वाले की परवाह है, तो लोग उन्हें कमजोर समझेंगे। इसलिए वे अक्सर कह देते हैं – *"अगर तुम चले भी गए तो मुझे कोई फर्क नहीं पड़ेगा।"* लेकिन सच्चाई यह है कि जिस इंसान से हम सच्चा प्यार करते हैं, उसे खोने का डर कहीं न कहीं हमारे अंदर हमेशा मौजूद रहता है।

जब कोई इंसान किसी को अपनी आदत बना लेता है, जब उसकी सुबह किसी के Message से शुरू होने लगे और रात किसी की आवाज़ सुनकर खत्म होने लगे, तब वह इंसान सिर्फ एक रिश्ता नहीं रहता, वह जिंदगी का हिस्सा बन जाता है। और जिंदगी के किसी हिस्से को खोने का डर न हो, ऐसा शायद ही कभी होता है। इसलिए जब कोई कहता है कि उसे खोने से डर नहीं लगता, तो कई बार वह दुनिया से ज्यादा खुद को झूठ बोल रहा होता है।

"जिसे खोने का डर नहीं होता, उसे पाने की खुशी भी नहीं होती।"

Psychology कहती है कि इंसान अक्सर अपनी Vulnerability छुपाने की कोशिश करता है। वह नहीं चाहता कि कोई उसकी कमजोरी जान पाए। प्यार में भी यही होता है। लोग अपने अंदर के डर को स्वीकार करने के बजाय उसे छुपा लेते हैं। वे दिखाते हैं कि उन्हें कोई फर्क नहीं पड़ता, जबकि सच्चाई यह होती है कि वही इंसान सबसे ज्यादा फर्क पड़ने की वजह से रातों को जाग रहा होता है।

कई बार झगड़ों में लोग गुस्से में कह देते हैं — *"तुम जाओ, मुझे कोई फर्क नहीं पड़ता।"* लेकिन अगर सच में फर्क नहीं पड़ता, तो फिर वही इंसान बाद में बार-बार Phone क्यों Check करता है? वह Last Seen क्यों देखता है? वह उम्मीद क्यों करता है कि सामने वाला वापस Message करेगा? क्योंकि दिल हमेशा वह सच जानता है जिसे अहंकार छुपाने की कोशिश करता है।

"अहंकार कहता है कि फर्क नहीं पड़ता, लेकिन दिल हर बार उसका इंतजार करता है।"

आज की Social Media Generation में एक अजीब Trend बन गया है। लोग दिखाना चाहते हैं कि वे Emotionally Strong हैं। वे दिखाना चाहते हैं कि किसी के जाने से उनकी जिंदगी नहीं रुकेगी। इसलिए वे Breakup के बाद भी Happy Posts डालते हैं, Quotes Share करते हैं और दुनिया को दिखाते हैं कि वे बिल्कुल ठीक हैं। लेकिन कई बार वही लोग रात को पुरानी Chats पढ़ते हैं, पुरानी Photos देखते हैं और उन यादों से भाग नहीं पाते जो अब भी उनके दिल में जिंदा होती हैं।

सच्चाई यह है कि किसी को खोने का डर होना कमजोरी नहीं है।

यह इस बात का सबूत है कि वह इंसान आपके लिए मायने रखता है।

यह इस बात का सबूत है कि आपने उस रिश्ते को दिल से जिया है।

"डर हमेशा खोने का नहीं होता, डर उस खालीपन का होता है जो किसी के जाने के बाद रह जाता है।"

सबसे ज्यादा दर्द तब होता है जब कोई इंसान बार-बार यह जताता रहे कि उसे कोई फर्क नहीं पड़ता, और सामने वाला सच में दूर चला जाए। तब अचानक उसे एहसास होता है कि वह जिस चीज़ को अपनी ताकत समझ रहा था, वह सिर्फ एक दिखावा था। क्योंकि कुछ लोगों की अहमियत हमें तब समझ आती है जब वे हमारे

पास नहीं रहते।

रिश्तों में प्यार का मतलब सिर्फ साथ रहना नहीं होता।

प्यार का मतलब यह भी होता है कि हम सामने वाले की कीमत समझें।

उसे यह महसूस कराएँ कि वह हमारे लिए महत्वपूर्ण है।

क्योंकि जो इंसान हमेशा यह दिखाता रहे कि उसे कोई फर्क नहीं पड़ता, एक दिन सच में सब कुछ खो सकता है।

"कई बार लोग अपने प्यार को इसलिए खो देते हैं क्योंकि वे उसे यह बताने से डरते हैं कि वह कितना जरूरी है।"

धीरे-धीरे समय यह सिखा देता है कि सच्चे रिश्तों में मजबूत बनने का नाटक करने की जरूरत नहीं होती। वहाँ यह कहने में शर्म नहीं होनी चाहिए कि — *"हाँ, मुझे तुम्हें खोने से डर लगता है।"* क्योंकि यह डर प्यार की कमजोरी नहीं, प्यार की गहराई है। जो रिश्ता दिल से निभाया जाता है, उसमें खोने का डर होना स्वाभाविक है।

और शायद यही वजह है कि "मैं तुम्हें खोने से नहीं डरता/डरती" कई बार एक ऐसा झूठ बन जाता है जिसे लोग अपनी भावनाओं को छुपाने के लिए बोलते हैं। जबकि उनके दिल की सच्चाई कुछ और ही होती है।

"दर्द इस बात का नहीं था कि तुम चले गए... दर्द इस बात का था कि मैं कभी यह बता ही नहीं पाया कि मुझे तुम्हें खोने से कितना डर लगता था।"

निष्कर्ष

"मैं तुम्हें खोने से नहीं डरता/डरती" सुनने में एक मजबूत इंसान की बात लग सकती है, लेकिन सच्चा प्यार अक्सर इस बात को स्वीकार करने में होता है कि हमें फर्क पड़ता है। हमें डर लगता है। हमें किसी के जाने का ख्याल भी परेशान करता है। क्योंकि जिसे खोने का डर नहीं होता, वह रिश्ता अक्सर दिल के बहुत करीब भी नहीं होता।

"रिश्तों का सबसे बड़ा सच यही है कि हम सबसे ज्यादा उसी इंसान को खोने से डरते हैं, जिसे हम सबसे ज्यादा प्यार करते हैं।"

40

मुझे याद नहीं रहा

रिश्तों में कुछ झूठ ऐसे होते हैं जो सुनने में बहुत छोटे लगते हैं, लेकिन उनका दर्द समय के साथ बहुत बड़ा हो जाता है। "**मुझे याद नहीं रहा**" भी ऐसा ही एक झूठ है। यह कोई गाली नहीं होती, कोई धोखा नहीं होता, कोई बेवफाई नहीं होती। यह सिर्फ चार शब्द होते हैं। लेकिन कई बार यही चार शब्द किसी इंसान को यह एहसास दिला देते हैं कि अब वह किसी की जिंदगी में पहले जितना महत्वपूर्ण नहीं रहा।

जब कोई रिश्ता शुरू होता है, तब सब कुछ याद रहता है। पहली बार कब बात हुई थी, पहली बार कब मुलाकात हुई थी, कौन-सी चीज़ पसंद है, कौन-सी चीज़ नापसंद है, किस बात से खुशी मिलती है और किस बात से दिल दुखता है। उस समय याद रखने के लिए कोशिश नहीं करनी पड़ती, क्योंकि दिल खुद हर छोटी-बड़ी बात को संभालकर रखता है। प्यार की शुरुआत में लोग तारीखें नहीं भूलते, वादे नहीं भूलते और सबसे जरूरी बात, वे एक-दूसरे की भावनाएँ नहीं भूलते।

लेकिन समय के साथ कुछ बदलने लगता है। धीरे-धीरे बातें कम होने लगती हैं, कोशिशें कम होने लगती हैं और फिर एक दिन सामने वाला किसी ऐसी बात को भूल जाता है जो आपके लिए बहुत महत्वपूर्ण थी। शायद आपका Birthday, शायद कोई Anniversary, शायद कोई Promise, या शायद सिर्फ वह बात जो आपने कई दिनों से उसे याद दिलाई थी। और जब आप दुखी होकर पूछते हो — ***"तुम भूल कैसे गए?"*** तो जवाब मिलता है — "**Sorry, मुझे याद नहीं रहा।**"

"कुछ बातें भूल जाने से ज्यादा दर्द तब होता है जब हमें एहसास हो कि हम ही भुला दिए गए हैं।"

सच तो यह है कि इंसान सब कुछ याद नहीं रख सकता। हम सभी कभी न कभी कुछ न कुछ भूल जाते हैं। लेकिन रिश्तों में दर्द भूलने से नहीं होता। दर्द इस बात से होता है कि जो बात हमारे लिए दुनिया की सबसे महत्वपूर्ण चीज़ थी, वह सामने वाले के लिए इतनी महत्वपूर्ण नहीं थी कि उसे याद रह सके।

Psychology कहती है कि इंसान वही चीज़ें सबसे ज्यादा याद रखता है जिनसे वह भावनात्मक रूप से जुड़ा होता है। इसलिए जब कोई बार-बार आपकी बातें भूलने लगे, तो दिल को सिर्फ यह नहीं लगता कि वह भूल गया। दिल को लगता है कि शायद अब उसकी भावनाएँ पहले जैसी नहीं रहीं। शायद अब वह रिश्ता उसके लिए पहले जितना खास नहीं रहा।

"याददाश्त अक्सर कमजोर नहीं होती, कई बार सिर्फ प्राथमिकताएँ बदल जाती हैं।"

सबसे ज्यादा दर्द उन लोगों को होता है जो छोटी-छोटी बातों में प्यार ढूँढते हैं। जिन्हें महंगे Gifts नहीं चाहिए होते, लेकिन यह चाहिए होता है कि सामने वाले को उनका Birthday याद रहे। जिन्हें बड़े-बड़े Promises नहीं चाहिए होते, लेकिन यह चाहिए होता है कि उनकी कही हुई बातों की कीमत हो। क्योंकि सच्चा प्यार अक्सर बड़ी चीज़ों में नहीं, छोटी-छोटी बातों में दिखाई देता है।

एक लड़की को शायद यह याद रहता है कि उसके Partner को कौन-सा रंग पसंद है।

एक लड़के को शायद यह याद रहता है कि उसकी Partner चाय कैसे पीती है।

और जब वही लोग एक-दूसरे के लिए महत्वपूर्ण बातें भूलने लगते हैं, तब दिल डरने लगता है।

क्योंकि भूलने से पहले अक्सर महसूस करना कम होता है।

"जब दिल किसी को महत्व देता है, तो छोटी-छोटी बातें भी याद रहती हैं।"

आज की Generation में लोग अक्सर कहते हैं कि वे बहुत Busy हैं। उनके पास समय नहीं है। लेकिन सच्चाई यह है कि इंसान समय की कमी से कम और प्राथमिकताओं की कमी से ज्यादा भूलता है। क्योंकि जिस इंसान की हमें सच में परवाह होती है, उसके लिए हमारे पास हमेशा समय होता है। हम उसके Message का इंतजार करते हैं, उसकी बातों को याद रखते हैं और उसकी खुशियों को अपनी खुशियों का हिस्सा बना लेते हैं।

लेकिन जब कोई इंसान बार-बार कहने लगे — ***"मुझे याद नहीं रहा"*** — तो धीरे-धीरे सामने वाला शिकायत करना छोड़ देता है। वह बताना छोड़ देता है कि उसे बुरा लगा है। क्योंकि हर बार दुख जताने के बाद भी अगर जवाब वही हो, तो इंसान एक दिन चुप हो जाता है। और यही चुप्पी सबसे खतरनाक होती है।

"रिश्ते तब नहीं टूटते जब लोग भूल जाते हैं, रिश्ते तब टूटते हैं जब लोग दुखी होना भी छोड़ देते हैं।"

सबसे ज्यादा दर्द तब होता है जब आप किसी खास दिन का इंतजार कर रहे हों। आपको उम्मीद हो कि वह आपको याद करेगा। आपको उम्मीद हो कि वह सुबह उठते ही Message करेगा। आप बार-बार Phone देखते हो, हर Notification पर मुस्कुराते हो, लेकिन पूरा दिन गुजर जाता है। और फिर रात को सिर्फ एक Message आता है — **"Sorry, मुझे याद नहीं रहा।"**

उस समय शायद आपकी आँखों में आँसू आ जाएँ।

लेकिन सामने वाला सिर्फ एक तारीख भूलता है।

आपको लगता है कि उसने आपकी अहमियत भूल दी।

"कुछ तारीखें कैलेंडर में नहीं, दिल में लिखी होती हैं।"

धीरे-धीरे इंसान यह समझने लगता है कि प्यार सिर्फ यह नहीं है कि कोई कहे — *"I Love You."* प्यार यह भी है कि किसी को आपकी छोटी-छोटी बातें याद रहें। उसे यह याद रहे कि आपको किस बात से दुख होता है, किस बात से खुशी मिलती है और किन चीज़ों का आपके दिल में खास स्थान है।

क्योंकि जब किसी को याद रखना बंद हो जाए, तो उसे खोना भी आसान हो जाता है। और शायद इसी वजह से "मुझे याद नहीं रहा" रिश्तों का इतना दर्दनाक झूठ बन जाता है। क्योंकि यह सिर्फ भूलने की बात नहीं होती, यह धीरे-धीरे कम

होती अहमियत की कहानी होती है। ऐसी कहानी जिसे शब्दों में समझाना मुश्किल है, लेकिन महसूस करना बहुत आसान। दर्द इस बात का नहीं था कि तुम भूल गए... दर्द इस बात का था कि जिस बात को मैंने दिल में संभालकर रखा था, वह तुम्हारे लिए इतनी खास ही नहीं थी। और शायद रिश्तों का सबसे दुखद सच यही है कि इंसान तब नहीं टूटता जब कोई उसे छोड़ देता है, इंसान तब टूटता है जब उसे एहसास होता है कि वह किसी की यादों में धीरे-धीरे खोता जा रहा है।

निष्कर्ष

"मुझे याद नहीं रहा" सिर्फ एक वाक्य नहीं है। कई बार यह किसी टूटते हुए भरोसे की आवाज़ होती है। क्योंकि प्यार सिर्फ साथ रहने का नाम नहीं है, प्यार याद रखने का भी नाम है। याद रखना कि सामने वाला कौन है, क्या महसूस करता है और उसकी जिंदगी में कौन-सी बातें मायने रखती हैं। क्योंकि जिस दिन किसी की यादों से हमारी जगह कम होने लगे, उसी दिन दिल को सबसे ज्यादा डर लगने लगता है।

"दर्द भूल जाने का नहीं था... दर्द यह था कि मैं तुम्हारी दुनिया में पहले जैसा जरूरी नहीं रहा था।"

41

मैं Move On कर चुका/चुकी हूँ

रिश्तों में बोला जाने वाला सबसे बड़ा झूठों में से एक है — **"मैं Move On कर चुका/चुकी हूँ।"** यह एक ऐसा वाक्य है जो अक्सर लोग दुनिया को दिखाने के लिए बोलते हैं, लेकिन उनका दिल इस बात को मानने के लिए तैयार नहीं होता। आज की Generation में लोग अपनी भावनाओं को छुपाने में बहुत माहिर हो गए हैं। वे मुस्कुराना सीख गए हैं, दर्द छुपाना सीख गए हैं और सबसे बढ़कर यह दिखाना सीख गए हैं कि उन्हें अब कोई फर्क नहीं पड़ता। लेकिन सच्चाई यह है कि हर मुस्कुराता हुआ चेहरा खुश नहीं होता और हर Move On करने का दावा करने वाला इंसान सच में आगे नहीं बढ़ा होता।

जब कोई रिश्ता खत्म होता है, तो सिर्फ दो लोग अलग नहीं होते। उनके साथ जुड़ी आदतें अलग होती हैं, सपने अलग होते हैं, उम्मीदें अलग होती हैं और वे यादें अलग होती हैं जिन्हें उन्होंने मिलकर बनाया था। इसलिए किसी इंसान को भूलना उतना आसान नहीं होता जितना लोग Social Media पर दिखाते हैं। लेकिन फिर भी लोग कहते हैं — *"मैं Move On कर चुका हूँ।"* क्योंकि उन्हें लगता है कि अगर उन्होंने अपना दर्द दिखा दिया, तो लोग उन्हें कमजोर समझेंगे।

"कुछ लोग Move On नहीं करते, वे सिर्फ अपने दर्द को छुपाना सीख जाते हैं।"

आज के समय में Breakup के कुछ दिनों बाद ही लोग Status लगा देते हैं कि वे खुश हैं। नई Photos Upload करते हैं, Motivational Quotes Share करते हैं और दुनिया को दिखाने की कोशिश करते हैं कि उनकी जिंदगी पहले से बेहतर हो गई है। लेकिन रात को जब Phone हाथ में होता है और आसपास कोई नहीं होता, तब वही लोग पुरानी Chats पढ़ते हैं, पुरानी Photos देखते हैं और उन यादों में खो जाते हैं जिनसे वे दिनभर भागते रहे थे।

क्योंकि सच यह है कि Move On करना कोई Switch नहीं है जिसे एक दिन में On या Off किया जा सके। यह एक लंबी प्रक्रिया है। इसमें समय लगता है। इसमें दर्द होता है। इसमें खुद को दोबारा संभालना पड़ता है। लेकिन आज की Generation जल्दी दिखाना चाहती है कि वह ठीक है, जबकि अंदर से वह अब भी टूटी हुई होती है।

"दुनिया को दिखाना आसान है कि हम खुश हैं, लेकिन दिल को मनाना सबसे मुश्किल काम है।"

Psychology कहती है कि जब हम किसी इंसान से गहराई से जुड़ जाते हैं, तो हमारा दिमाग उसकी मौजूदगी को अपनी जिंदगी का हिस्सा मानने लगता है। इसलिए जब वह इंसान चला जाता है, तो सिर्फ दिल नहीं टूटता, हमारी पूरी दिनचर्या बदल जाती है। यही कारण है कि कई लोग सालों बाद भी किसी एक इंसान को पूरी तरह नहीं भूल पाते। वे आगे बढ़ जाते हैं, जिंदगी जीते हैं, मुस्कुराते हैं, लेकिन दिल के किसी कोने में वह कहानी हमेशा जिंदा रहती है।

सबसे ज्यादा दर्द तब होता है जब कोई इंसान खुद को बार-बार यह समझाने की कोशिश करता है कि वह Move On कर चुका है, लेकिन छोटी-सी बात उसे फिर उसी जगह ले जाती है। कोई पुराना गाना, कोई पुरानी जगह, कोई पुरानी Photo या कोई पुराना Message अचानक उन सारी यादों को वापस ले आता है जिन्हें उसने बड़ी मुश्किल से दबाया था।

"कुछ लोग जिंदगी से चले जाते हैं, लेकिन यादों से कभी नहीं जाते।"

कई बार लोग Move On इसलिए नहीं करते क्योंकि वे उस इंसान को वापस चाहते हैं। कई बार वे इसलिए नहीं कर पाते क्योंकि उन्होंने उस इंसान के साथ

अपना एक हिस्सा जोड़ दिया होता है। और जब रिश्ता खत्म होता है, तो उन्हें लगता है जैसे उनका वह हिस्सा भी उनसे छिन गया हो। इसलिए वे आगे बढ़ने की कोशिश तो करते हैं, लेकिन दिल पूरी तरह तैयार नहीं होता।

यही वजह है कि बहुत से लोग कहते हैं — *"मैं Move On कर चुका हूँ"* जबकि उनका दिल अब भी उस इंसान का नाम सुनकर तेज धड़कने लगता है। वे कहते हैं कि अब कोई फर्क नहीं पड़ता, लेकिन अगर सामने वाला किसी और के साथ दिखाई दे जाए, तो उनकी आँखें आज भी नम हो जाती हैं।

"अगर सच में Move On हो गए होते, तो हर याद आज भी दिल को इतना दर्द नहीं देती।"

इसका मतलब यह नहीं कि हर इंसान जिंदगीभर अतीत में जीता है। समय के साथ लोग मजबूत होते हैं, नए सपने बनाते हैं और नई शुरुआत भी करते हैं। लेकिन सच्चा Move On वह नहीं होता जब हम दुनिया को दिखाएँ कि हम ठीक हैं। सच्चा Move On तब होता है जब हम उस इंसान को याद करके भी टूटते नहीं हैं। जब उसकी याद आए और दिल में सिर्फ एक मुस्कान रह जाए, दर्द नहीं।

और शायद यही वजह है कि **"मैं Move On कर चुका/चुकी हूँ"** रिश्तों का इतना बड़ा झूठ बन जाता है। क्योंकि कई बार यह सच नहीं होता, बल्कि सिर्फ एक मुखौटा होता है जिसे लोग अपने टूटे हुए दिल को छुपाने के लिए पहन लेते हैं।

"दर्द इस बात का नहीं था कि तुम चले गए... दर्द इस बात का था कि मैं दुनिया से कहता रहा कि मैं Move On कर चुका हूँ, लेकिन मेरा दिल आज भी तुम्हारे जाने को स्वीकार नहीं कर पाया।"

निष्कर्ष

"मैं Move On कर चुका/चुकी हूँ" कहना आसान है, लेकिन सच में Move On करना बहुत मुश्किल है। क्योंकि प्यार सिर्फ एक रिश्ता नहीं होता, वह यादों, आदतों और भावनाओं का हिस्सा बन जाता है। शायद रिश्तों का सबसे दुखद सच यही है कि कुछ लोग हमारी जिंदगी से चले जाते हैं, लेकिन हमारे दिल से कभी पूरी

तरह नहीं जाते।

"Move On का मतलब भूल जाना नहीं होता, Move On का मतलब उस दर्द के साथ जीना सीख जाना होता है।"

42

मैं तुम्हें Hurt नहीं करना चाहता/चाहती था

रिश्तों में कुछ झूठ ऐसे होते हैं जो सबसे ज्यादा तब बोले जाते हैं जब नुकसान पहले ही हो चुका होता है। **"मैं तुम्हें Hurt नहीं करना चाहता/चाहती था"** भी ऐसा ही एक झूठ है। यह वाक्य अक्सर तब सुनने को मिलता है जब सामने वाला इंसान पहले ही आपका दिल तोड़ चुका होता है। जब भरोसा टूट चुका होता है। जब आँसू बह चुके होते हैं। और जब दर्द अपनी सबसे गहरी जगह बना चुका होता है। उस समय यह सुनना कि *"मेरा इरादा तुम्हें Hurt करने का नहीं था"* दिल को सुकून नहीं देता, बल्कि और ज्यादा सवाल दे जाता है।

क्योंकि अगर सच में Hurt नहीं करना चाहते थे, तो फिर ऐसे शब्द क्यों बोले गए? ऐसे फैसले क्यों लिए गए? ऐसे झूठ क्यों बोले गए जिनका अंत सिर्फ दर्द में होना था? सच्चाई यह है कि कई लोग दिल तोड़ना नहीं चाहते, लेकिन अपने फैसलों की जिम्मेदारी भी नहीं लेना चाहते। इसलिए वे अपने किए हुए दर्द को एक नरम वाक्य में छुपाने की कोशिश करते हैं — **"मैं तुम्हें Hurt नहीं करना चाहता था।"**

"दर्द हमेशा इरादों से नहीं होता, कई बार लोगों के फैसले ही काफी होते हैं किसी को तोड़ने के लिए।"

जब कोई इंसान किसी से सच्चा प्यार करता है, तो वह उसके शब्दों पर भरोसा करता है। उसके वादों पर भरोसा करता है। उसकी मौजूदगी पर भरोसा करता है।

लेकिन जब वही इंसान अचानक बदल जाए, दूर हो जाए या किसी और को चुन ले, तब सबसे ज्यादा दर्द इस बात का नहीं होता कि वह चला गया। दर्द इस बात का होता है कि जाते-जाते भी वह अपने दर्द की जिम्मेदारी लेने को तैयार नहीं होता।

वह कहता है — *"मैं तुम्हें Hurt नहीं करना चाहता था।"*

लेकिन दिल पूछता है — "अगर नहीं चाहते थे, तो फिर किया क्यों?"

"कुछ माफियाँ दर्द कम नहीं करतीं, वे सिर्फ यह याद दिलाती हैं कि दर्द किसने दिया था।"

Psychology कहती है कि इंसान अक्सर खुद को अच्छा साबित करने की कोशिश करता है, यहाँ तक कि तब भी जब उसने किसी को चोट पहुँचाई हो। वह यह मानना नहीं चाहता कि उसके फैसलों ने किसी का दिल तोड़ा है। इसलिए वह अपने व्यवहार को सही ठहराने के लिए ऐसे वाक्य बोलता है। इससे उसे खुद को दोषी महसूस कम होता है। लेकिन सामने वाले के लिए यह वाक्य अक्सर एक और घाव बन जाता है।

क्योंकि जिस इंसान ने रातों को जागकर रोया हो, जिसने खुद को संभालने की कोशिश की हो, जिसने हर दिन उस दर्द के साथ जीना सीखा हो, उसके लिए यह सुनना आसान नहीं होता कि सामने वाले का इरादा बुरा नहीं था।

दर्द इरादे नहीं देखता।

दर्द सिर्फ घाव महसूस करता है।

"दिल को यह फर्क नहीं पड़ता कि चोट गलती से लगी या जानबूझकर, दर्द दोनों में बराबर होता है।"

सबसे ज्यादा दुख तब होता है जब यह वाक्य किसी रिश्ते के अंत में बोला जाता है। जब कोई कहता है — *"मैं तुम्हें Hurt नहीं करना चाहता था, लेकिन..."* और उस "लेकिन" के बाद पूरी कहानी बदल जाती है। क्योंकि अक्सर वही "लेकिन" किसी के सपनों को तोड़ देता है। किसी के भरोसे को खत्म कर देता है। किसी के भविष्य को बदल देता है।

आज की Generation में लोग सच्चाई बोलने से ज्यादा आसान रास्ता चुनते हैं। वे धीरे-धीरे दूर होते हैं, Ignore करते हैं, बदलते हैं और जब सामने वाला टूट जाता है, तब कहते हैं — *"मेरा इरादा तुम्हें Hurt करने का नहीं था।"*

लेकिन सच्चाई यह है कि प्यार सिर्फ इरादों से नहीं चलता।

प्यार जिम्मेदारी से चलता है।

अगर किसी के दिल में जगह बनाई है, तो उसकी भावनाओं की जिम्मेदारी भी लेनी पड़ती है।

"मोहब्बत सिर्फ किसी का हाथ पकड़ने का नाम नहीं, उसके दिल की हिफाजत करने का नाम भी है।"

कई बार लोग सच में बुरे नहीं होते। वे बस कमजोर होते हैं। वे सच बोलने से डरते हैं। वे मुश्किल बातचीत से भागते हैं। वे अपने फैसलों का सामना नहीं कर पाते। लेकिन उनकी यह कमजोरी किसी और के लिए दर्द बन जाती है। और यही कारण है कि अच्छे इरादे होने के बावजूद भी कुछ लोग सबसे ज्यादा चोट पहुँचा देते हैं।

समय के साथ इंसान उस दर्द के साथ जीना सीख जाता है। वह मुस्कुराना सीख जाता है। आगे बढ़ना सीख जाता है। लेकिन उसके दिल में हमेशा एक सवाल रह जाता है — अगर सच में Hurt नहीं करना चाहते थे, तो फिर मेरे आँसुओं की वजह क्यों बने?

"कुछ सवालों के जवाब नहीं मिलते, क्योंकि जवाब मिल जाए तो मोहब्बत पर से भरोसा उठ जाता है।"

शायद इसी वजह से **"मैं तुम्हें Hurt नहीं करना चाहता/चाहती था"** रिश्तों का सबसे दर्दनाक झूठ बन जाता है। क्योंकि यह अक्सर तब बोला जाता है जब दर्द दिया जा चुका होता है और उसे वापस लेने का कोई तरीका नहीं बचता।

निष्कर्ष

"मैं तुम्हें Hurt नहीं करना चाहता/चाहती था" सुनने में एक माफी की तरह लगता है, लेकिन कई बार यह सिर्फ एक कोशिश होती है खुद को दोषी महसूस करने से बचाने की। क्योंकि सच्ची माफी शब्दों में नहीं होती, सच्ची माफी उस दर्द को समझने में होती है जो हमने किसी को दिया है। दर्द इस बात का नहीं था कि तुम चले गए... दर्द इस बात का था कि जाते-जाते भी तुम यह नहीं समझ पाए कि

तुम्हारे जाने से कितना कुछ टूट गया।

"रिश्तों का सबसे दुखद सच यही है कि सबसे गहरे घाव अक्सर वही लोग देते हैं जो कहते हैं — 'मैं तुम्हें कभी Hurt नहीं करना चाहता था।'"

www.ingramcontent.com/pod-product-compliance
Lightning Source LLC
LaVergne TN
LVHW100316210926
848480LV00003B/1140
* 9 7 9 8 9 0 5 4 0 0 9 6 4 *